搾取され続けている日本人に告ぐ

税金を払う奴はバカ！

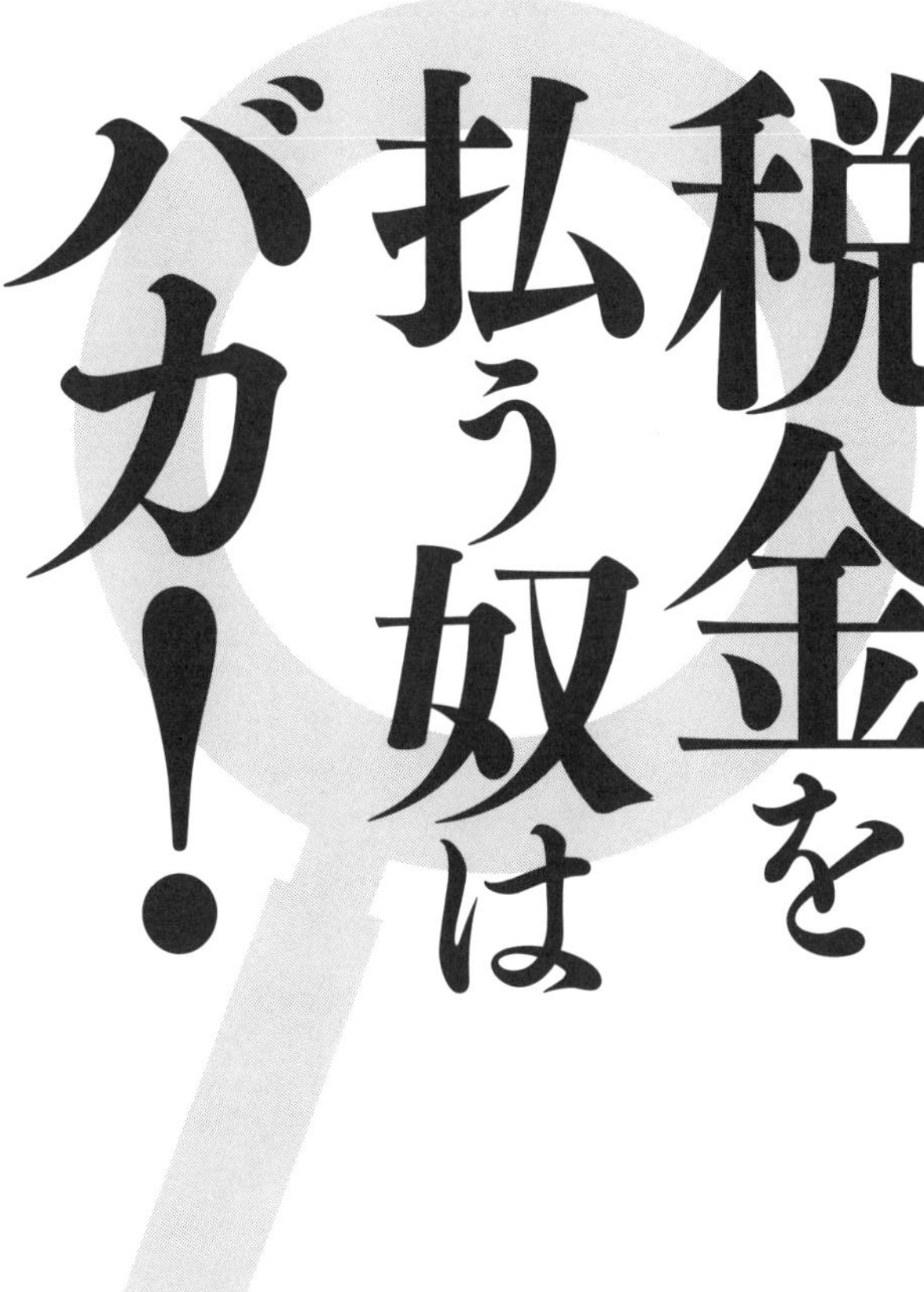

元国税調査官
大村 大次郎

ビジネス社

はじめに

「税金を払う奴はバカ！」

などというタイトルを見て、けしからんと思った方も多いだろう。

「税金を払うのは国民の義務、その義務を果たすのがなぜバカなんだ！」

「元国税調査官がそんなこと言うとは、世も末だ」

そういうふうに思われた方もいるだろう。

しかし当然のことながら、筆者にはそれなりの言い分がある。

「税金を払う奴はバカ！」

というタイトルには、二つの意味が込められている。

一つには、**今の日本で税金を払っても、全然、国や社会のためにはならない。**

それどころか、税金を払えば払うほど国が悪くなっていく。

どういうことかというと、今の日本の税制や財政は、矛盾の極致に行き着いていて、ごく一部のものだけがいい思いをし、大勢の人を苦しめるばかりのものになっている。

考えてもみてほしい。

少子高齢化問題にしろ、これはある日突然やってきたものではない。

何十年も前から、このままいけば少子高齢化になることがわかっていたのである。しかし政治家や役人は、将来の危険が明白にわかっていながら、自分たちの既得権を守るためだけに終始し、国の欠陥を修正したり、将来の不安に備えたりすることをまったくしてこなかったのである。

現在の日本が、そういう国家システムになっている以上、この国に税金を納めても何にもならない。

「税金を払う奴はバカ」のもう一つの意味は、税金を黙って払っている人たちは税金のことをまったく知ろうとせず、節税策をまったく講じていないという事実がある。サラリーマンであっても、税金を減らす方法はいくらでもある。それをせずに、生活が苦しい、苦しいとばかり言っているのである。

また税金に関して無知な人は、税金の使われ方にも、あまり関知しない。

だから、政治家や役人は、彼らのことをナメきってやりたい放題にやってきたのである。彼らが黙って文句も言わず、税金を払ってきたことが、政治家や役人を増長させたのである。

つまり、彼ら国民も今の国家システムを間接的につくってきたと言える。

もし国民の多くが、もっともっと税金の取られ方、使われ方に関心を持っていたら、日本はこんなことにはなっていなかったと、筆者は思っている。

だから高慢な言い方かもしれないが、筆者は世直しのつもりで「税金を払う奴はバカ!」という言葉を発しているのである。

本書を読んでいただいたあかつきには、良識を持った方ならば必ずや筆者の主張に賛同していただけると思っている。

著者

第1章 日本に税金を払うのは金をどぶに捨てるよりも悪い

第2章 中小企業は税金を払わなくていい

第3章 サラリーマンでも節税できる！

第4章 給料の払い方を変えれば会社も社員も得をする

第5章 消費税で儲かる人たち

第１章

日本に税金を払うのは金をどぶに捨てるよりも悪い

人口データ的に日本は必ず破綻する

私が、今の日本で税金を納めるのはバカバカしいと述べる最大の理由は、**「このままいけば日本は必ず破綻する」**からである。

これは、別に私が、得体のしれない独自の情報から勝手に述べているわけではない。どんな学者、政治家でも絶対に抗《あらが》えない、明白なデータから述べていることなのである。

今の日本は、「少子高齢化社会」とされているが、この少子高齢化がこのまま進めば、あと20年後くらいには、社会システムが正常に機能しなくなるのである。

国立社会保障・人口問題研究所の２０１４年４月の発表によると、20年後には全世帯の4割以上が高齢者世帯になると予想されている。

ここまで高齢者が増えれば、まず年金制度は必ず破綻するし、労働力人口などの面から見ても、社会を維持できないレベルにまで落ちてしまう。

これは、どんな楽観的な学者でも否定できない事実のはずである。

日本は財政赤字の問題などがよく取りざたされるが、実は少子高齢化の問題のほうがよほど大きな深刻な問題なのである。財政赤字も、それなりに深刻な問題ではある。いや、財政赤字もよその国からみれば、かなり深刻な問題と言える。

しかし今の日本は、それをはるかに超える巨大な問題を抱えているのである。

この少子高齢化問題は南海トラフ地震のように、いつ来るかわからないという不確定な危険ではない。南海トラフ地震は、もしかしたらこの数十年のうちには起きないかもしれないし、もしかしたら100年くらい起きないかもしれない。

しかし少子高齢化は、南海トラフ地震のように不確定な要素はまったくない。このままいけば、必ず日本に襲いかかる問題なのである。

安倍政権は「アベノミクス」と称し、経済対策に力を入れている。そして一応、株価などには、その成果は現れている。

しかし日本経済がちょっとばかり上向いたとしても、このまま少子高齢化が進めば、日本の破綻は免れない。にもかかわらず、安倍政権は、少子高齢化問題を緊急の課題とは考えていない。

今の日本は、沈没しかかった船の上で、みなが一生懸命、目先の商売をしているようなものなのである。商売をどんなに頑張っても、近々船は沈没するのである。船が沈没しないようにするのがまず第一の命題なはずなのに、誰もそれに本気で取り組んでいないのだ。

こんな国に、税金を払っても、やがて全部、「歴史の海」の中に沈んでしまうだけである。

少子高齢化は人災である

私が、少子化問題に失望しているのは、この数十年の間、少子高齢化に対してまともな手がまったく打たれていない、ということである。

少子高齢化は、つい最近始まったことではない。子供の数が減り始めたのは1981年のことなのである。実に33年も前のことだ。

33年前から、このままいけば日本は少子高齢化になることがわかっていたのだ。33年の間に、しっかりとした対策を打てば、相当のことができたはずである。

しかし、国はまったく何もやってこなかった。

というより、国はわざわざ少子高齢化が進むようなことばかりをやってきているのだ。

少子高齢化は、日本人の晩婚化、非婚化が進んだために起きたと思われがちである。確かに日本人の結婚観が大きく変わり、それが少子化の一因であることは確かである。

しかし、最大の理由は経済問題なのだ。

90年代以降、日本では急速に非正規社員が増えた。これが、少子高齢化を急加速させているのである。データを見れば明白である。

男性の場合、正社員の既婚率は約40％だが、非正規社員の既婚率は約10％でしかない。非正規社員の男性のうち、結婚している人が1割しかいないのであれば、事実上、非正規社員の男性は結婚できないということである。

男性はやはりある程度の安定した収入がなくては結婚はできない。だから非正規社員では、なかなか結婚できないのである。

つまり、

「非正規社員が増えれば増えるだけ未婚男性が増え、少子化も加速する」

ということである。

少し考えれば、誰でもすぐにわかるはずである。

「若い男性の収入が少なくなれば、結婚が減る」

これは今に始まったことではなく、昔から世界中で起きている現象である。

そして、データにも明確に出ていることなのである。

にもかかわらず、政府や産業界のリーダーたちは、むしろ非正規社員を増やす方向に国を導いてきた。「国際競争力の向上」を旗印にして、企業の業績ばかりを重視し、雇用を極端に軽視してきたのである。

現在、働く人の3人に1人以上が非正規雇用である。

その中で男性は、600万人以上もいる。10年前よりも200万人も増加したのだ。つまり結婚できない男性が、この10年間で200万人増加したようなものである。

現在の日本は、世界に例を見ないようなスピードで少子高齢化が進んでいる。何度も言うが、今のまま少子高齢化が進めば、日本が衰退していくのは目に見えている。どんなに経済成長をしても、子供の数が減っていけば、国力が減退するのは避けられない。今の日本にとって、経済成長よりもなによりも、少子高齢化を防がなければならないはずだ。

なのに、なぜ政治家や官僚はまったく何の手も打たないのか?

政府はこの20年ほど、企業ばかりを優遇したために、企業ばかりが肥え太り、民族存亡の危機に陥っているのである。しかも、政府や国のリーダーたちはそのことにまだ気づいていないのだ。**船はもう沈みかかっている**にもかかわらずである。

現在の非正規雇用のほとんどは将来、生活保護受給者になる

しかも非正規雇用が増えた影響は、「少子高齢化問題」だけにとどまらない。財政問題にも多大な影響を与えるのだ。

というのも、現在の日本では非正規雇用者が1900万人を超えているが、この人たち

のほとんどは、まともに社会保険に加入していない。だから彼らが高齢者になったとき、**ほとんどの人の年金の額は生活保護以下**だと見られている。

それどころか、年金自体に加入していない者も多数いる。

一橋大学名誉教授の高山憲之氏の研究によれば、非正規雇用の半数以上は厚生年金に加入していない（週刊ダイヤモンド・２００８年10月11日号より）。

厚生年金に加入していなければ本来、国民年金に加入しなければならないのだが、多くはそれもしていないと見られている。

彼らは、老後どうやって生活するのか？

普通に考えれば、彼らが自分自身で生活するすべはない。

彼らは日本人だから、もちろん生活保護を受給する権利を持っている。

つまり今後、非正規雇用の人たちが大挙して生活保護受給者になっていくと考えられるのだ。

そうなると、数百万人の単位では済まない。数千万人レベルで、生活保護受給者が生じる。**国民の20～30％が生活保護という事態もあり得るのだ。**

これは決して空想上の話ではない。

データにもはっきり表れていることであり、このまま何もしなければ、必ずそうなるという非常に現実的な話なのだ。最悪の場合は、この非正規雇用の1900万人が生活保護を受給することになる。

現状でさえ低所得者層が増え続けている上に、1900万人の新たな生活保護受給者が出現する。このままいけば、おそらく生活保護受給者は、そう遠くないうちに1000万人を突破するだろう。

そして、**20年後には、2000万人を突破する可能性**もある。どんな楽観的な経済評論家でも、このデータに抗うことはできないはずだ。

本当は日本には金は十分にある

前項では非正規社員が激増し、経済的に結婚ができない若者が増えていることを述べたが、その一方で日本全体の富は、減るどころか急増しているのである。

今の日本は1000兆円以上の財政赤字を抱えている。これは世界的に見ても、巨額だし、非常に危険な数値だとされている。

その一方で、日本には1500兆円にも及ぶ巨額の個人金融資産がある。これも世界的に見て非常に高い数値である。赤ん坊からお年寄りまで、国民1人当たり1000万円以上の金融資産を持っているのである。３人家族ならば３０００万円、４人家族ならば４０００万円である。

「うちにはそんな金融資産はない」

と思った人も多いだろう。

それもそのはずである。

この１５００兆円の金の多くは、一部の富裕層が握っているからである。

また企業は３００兆円もの内部留保金を抱えている。

これも世界で断トツの1位なのである。

つまり、今の日本は金のあるところと、ないところの差が極端なのである。

普通に考えて、「国はお金がない、でも、富裕層や企業はたくさん金を持っている」ということならば、「富裕層や企業から税金を取ればいい」という話になるはずだ。

しかし日本ではそうならずに、国民全体に負荷のかかる「消費税」や「社会保険料」などを上げてきたのである。そして、信じがたいことかもしれないが、この20年の間に高額所得者の税金は、ピーク時に比べれば40％も減税されてきたのである。

昨今の日本は景気が低迷し、我々は増税や社会保険料の負担増に苦しんできた。当然、金持ちの税金も上がっているんだろうと思っている人が多いだろう。

しかし実は金持ちの税金は、ずっと下がりっぱなしなのである。

この流れを見れば、**政府はわざと格差社会をつくったとしか考えられない。**

金持ちの減税の内容を説明しよう。

所得が1億円の人の場合、１９８０年では所得税率は75％だった。しかし86年には70％に、87年には60％に、89年には50％に、そして現在は40％まで下げられたのである。

また住民税の税率もピーク時には18％だったものが、今は10％となっている。

このため最高時には26・7兆円もあった所得税収は、２００９年には12・9兆円にまで激減している。半減以下である。

この**減税分はほぼ貯蓄に向かった**といえるだろう。

金持ちというのは、元からいい生活をしているので収入が増えたところでそれほど消費には回されない。だから減税されれば、それは貯蓄に向かうのだ。

だから財政赤字１０００兆円、個人金融資産１５００兆円という最悪バランスの国になってしまったのだ。

「日本の金持ちの税金は世界一高い」という大嘘

「金持ちがちゃんと税金を払うべき」

などと言うと、こう反論をする人が必ずいるはずである。

「日本の金持ちの税金は世界一高いじゃないか」

と。**そう信じ込んでいる人は、けっこう多いと思われる。**

ネットの掲示板などを見ても、「日本の金持ちの税金は世界一高い」ことを前提に経済を語る人がかなりいる。

しかし、**これは大嘘である。**

政府と財界の嘘にまんまと引っかかっているのである。

確かに、日本の所得税の税率は、高額所得者には高く設定されており、税率だけを見るならば、日本の金持ちの税金は世界的に見て高い部類に入る。

しかし日本の金持ちの税金にはさまざまな抜け穴が用意されており、実質的には冗談のように安い税金しか払っていないのである。

日本の金持ちの税金が実は非常に安いということは、アメリカと比較すればよくわかる。

表1を見てほしい。これは２００９年のアメリカと日本の所得税の比較である。

日本の所得税の税収は、わずか12兆円である。

一方、アメリカは、77兆９３１０億円（８６５９億ドル）である。

２００９年は、為替が90円から１００円の間だったから、少なめに90円で換算している。今のレートならば、これより10％以上割増しになるはずだ。

つまり、アメリカの所得税の税収は日本の6倍以上もあるのだ。

アメリカは大きいから？

そんなことはない。

アメリカの経済規模は、日本の2倍弱である。だから経済規模から言えば、2倍程度の差じゃないとおかしいのだ。

日本の所得税の最高税率は、アメリカよりも高い。

■表1　日米の所得税比較

	アメリカ 	日本 
所得税率（最高税率）	**35%**（2009年当時）	**40%**（2009年当時）
所得税額	**8659億ドル** 日本円（77兆9310億円・90円換算）	**12兆9139億円**

「『新富裕層』が日本を滅ぼす」森永卓郎監修　武田知弘著　中央公論新社より

最高税率は日本は40％、アメリカは35％（当時。現在は39・6％）なのである。

だから普通に考えれば、日本のほうが税収が高くないとおかしいはずだ。

にもかかわらず、なぜアメリカの所得税収は日本の6倍以上になっているのか？

いかに日本の金持ちの税金に抜け穴があるか、ということになる。

所得税というのは、先進国ではその大半を高額所得者が負担しているものである。

つまり日本の所得税の税収が低いのは、高額所得者の税負担が少ないということなのだ。

金持ちが普通に税金を払えば財政問題はすぐに解決する

アメリカに限らず、他の先進国と比較しても、日本の所得税収は非常に少ない。

次ページの**表2**は、先進主要国の国民所得に対する個人所得税負担率を示したものである。

日本はこれがわずか7・2％で断トツに低い。

アメリカ、イギリス、ドイツ、フランスはどこもGDP比で10％以上の負担率がある。

イギリスに至っては、13・5％で、日本の約2倍である。

もう考えられないほど日本の所得税は安いということなのである。

前項でも述べたように、先進国の所得税収の大半は、富裕層が担っている。だから国全体の所得税負担率が低いのは、日本の金持ちがどれだけ税金を払っていないかということになる。

もし日本の金持ちが、先進諸国と同程度の税金を払ったらどうなるか？

単純に考えても、今よりも10兆円以上（所得税、住民税合わせて）は税収が増えることになる。10兆円の税収というと、消費税を5％増税したときとほぼ同じである。

つまり、**金持ちが先進国並みに税金を払ってさえいれば、消費税の増税は必要なかった**ということなのである。

■表2　主要国の個人所得税の実質負担率（対国民所得比）

(%)

国	負担率
日本	7.2
アメリカ	12.2
イギリス	13.5
ドイツ	12.6
フランス	10.2

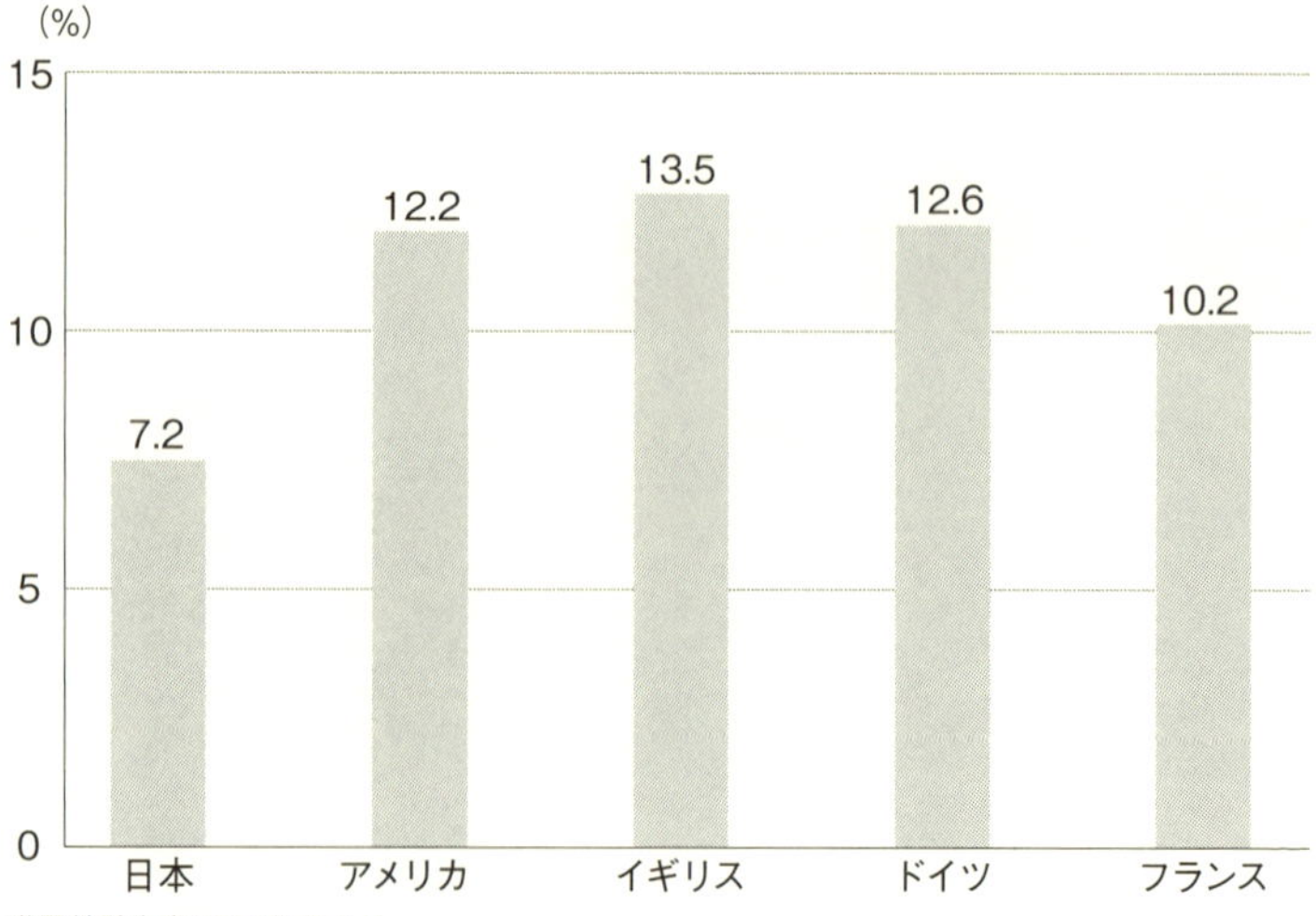

世界統計白書2012年版より

日本の投資家の税金はアメリカの半分以下

前項では、日本の金持ちがいかにきちんと税金を払っていないかということを述べたが、では日本の金持ちにはどのような抜け穴があるのかを具体的に説明したい。

日本の金持ちの代表的な職業は、会社経営者（兼オーナー）と開業医である。

この二つで日本の高額所得者の大半を占めると見られている。日経新聞から出た『新・日本のお金持ち研究』という本（森剛志・橘木俊詔著・日本経済新聞出版社）によると、納税額3000万円以上の高額納税者にアンケート調査を行なったところ、金持ちの職業は「企業経営者・企業幹部」が43・3％、医師が15・4％、芸能人が1・3％、スポーツ選手が0・9％、弁護士が0・4％、その他が38・7％となっている。

要するに企業経営者、企業幹部と医者だけで60％近くになる。企業経営者の中ではオーナー経営者が、医者の中では開業医が特に収入が高い。なので、この二つの職種が日本の金持ちナンバー1、ナンバー2ということになる。

そしてこの二つの職業ともに、極端に税金が安くなっているのである。

会社経営者（兼オーナー）は、自社の株を保有しているわけであり、投資家でもある。

この投資家に対する税金が、日本は著しく安いのだ。

日本では配当所得は分離課税となっていて、他の所得税の税率よりも相当に低い。分離課税とは他の収入と切り離して、配当所得だけを別個に計算することである。分離課税の最大の特徴は、いくら収入があっても税率が高くならないということだ。

配当所得は、「収入が高い人ほど税金が高くなる」という所得税のルールから除外されているのである。現在の税率はなんと20・315〜20・42％（2014年1月から）である。つまり、配当所得は何千万円、何億円収入があろうと、税率は20・315〜20・42％なのである。

普通、個人の所得税というのは、さまざまな収入を合算し、その合計額に見合った税率を課せられる。

たとえばサラリーマンや個人事業主などで所得の合計額が1800万円以上あった場合は、所得税と住民税合わせて税率は50％となる。

しかし配当所得の場合は、他の収入と合算されることはない。だからどんなに配当をもらっていても、わずか20・315〜20・42％の税金で済むのだ。

つまり額に汗して働いた場合、最高で50％の税金を払わなければならないのに、株を持っているだけでもらえる配当所得には、わずか20・315〜20・42％しか課せられていないのである。

日本の株主に対する税率の低さは、他の先進国と比べても明らかである。

表3のようにアメリカ、イギリス、ドイツ、フランスと比べても、日本の税率20％というのは明らかに安い。

イギリスの半分以下、ドイツ、フランスよりもかなり安い。

アメリカは現在のところ景気対策として一時的に分離課税になり、最高14％程度となっているが、本来は総合課税である。だから本来は最高で50％近い税率となるのだ。

日本では分離課税は一時的なものではなく、恒久的な制度である。だから日本の配当金への課税はイギリスやアメリカに比べて、半額以下ということになる。

■表3　主要国の株式配当の税金（上場会社の配当金）2010年7月現在

(%)

国	税率
日本	20
アメリカ	6.7〜14
ドイツ	10〜42.5
イギリス	26.375
フランス	30.1

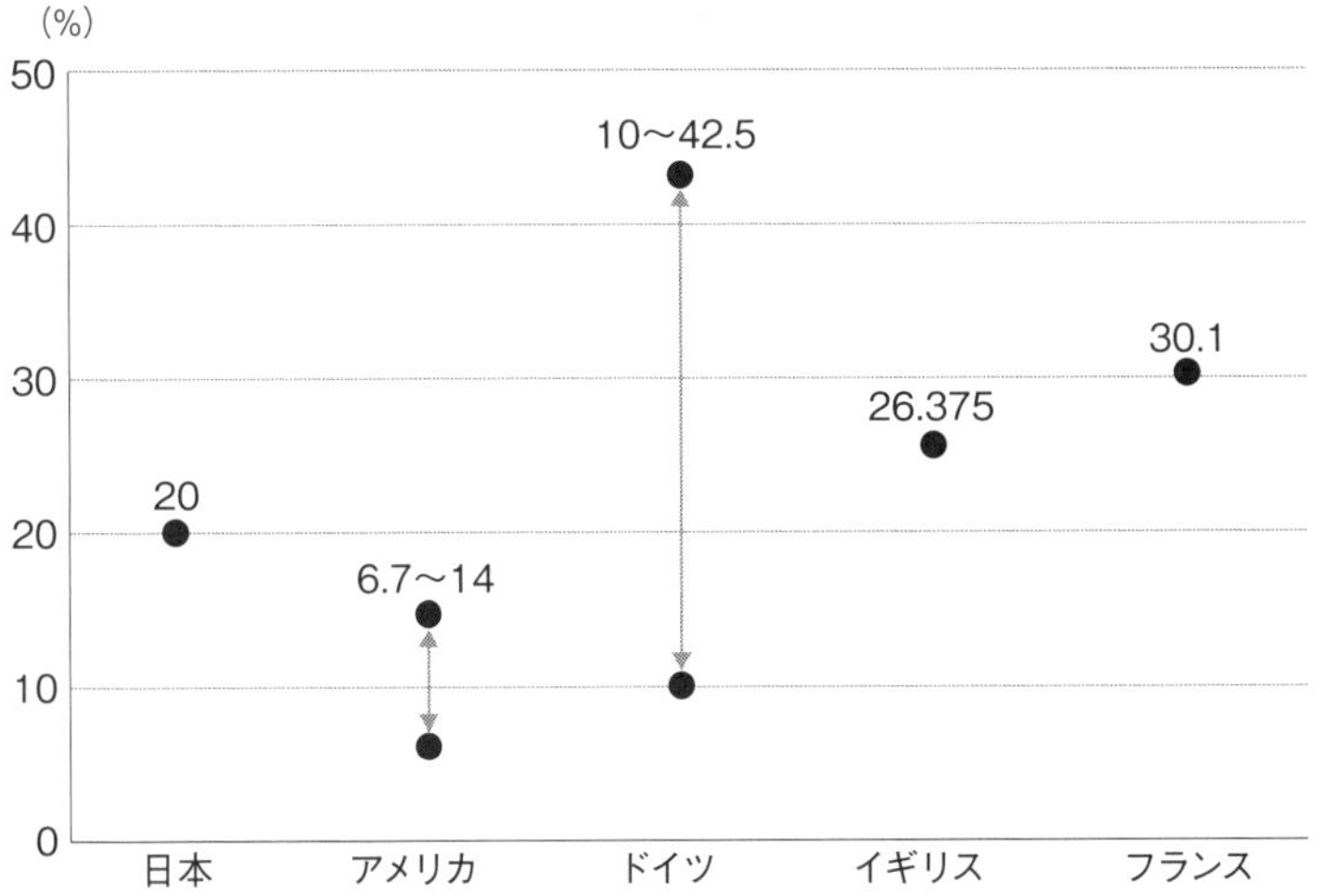

財務省サイト「主要国の配当課税の概要」より

これが日本の金持ちの税金の抜け穴のまず一つである。

開業医の税金の抜け穴

次に日本の金持ちの中で、第2位の職業である開業医について。

開業医にも極端な税の抜け穴がある。

開業医は税制上、非常に優遇されているのだ。具体的に言えば、社会保険診療報酬の72%を経費として認められている（社会保険料報酬が2500万円以下の場合）。

本来、事業者というのは（開業医も事業者に含まれる）、事業で得た収入から経費を差し引き、その残額に課税される。しかし開業医の場合は、実際の経費が多かろうと少なかろうと、無条件に売上の72%が経費として認められるのだ。現在は段階的に縮小されているが、現在もこの制度は残っている。

また開業医は、普通の事業者ならば払わなければならない事業税も優遇されている。収入が多い上に、税金が優遇されているのだから、金持ちになるはずである。

そして開業医が優遇されているばかりに、日本の医療全体、社会保障全体にしわ寄せがきているのだ。巨額の医療費が使われているのに、公立病院などで医者が足らないのは、このためだ。

なぜ開業医がこれほど優遇されているのかというと、日本医師会という強力な圧力団体を持っているからだ。日本医師会は日本最強の圧力団体と言われているが、これは医者の団体ではなく開業医の団体である。

この日本医師会は自民党の有力な支持母体であり、多額の政治献金をしてきたので、優遇されてきたのである。

現在、国の歳出でもっとも高い割合を占めているのは、社会保障費である。社会保障費というと、年金や失業対策のことを思い浮かべる人も多いだろう。しかし、社会保障費で一番大きいのは医療費なのである。

医療費が日本の社会保障費の半分近くを占めているのだ。そして、この高い医療費は、開業医の優遇制度の代償でもあるのだ。

大企業はまともに税金を払っていない

筆者が、「税金を払う奴はバカ」などと過激なことを言う根拠の一つは、**日本では税金を払うべき者がまともに払っていない**からである。

税金を払うべき者とは、富裕層や大企業のことである。

先進国ではどこも富裕層や大企業が税負担をすることで、国の収入が成り立っているのである。しかし日本の場合は、富裕層や大企業がまともに税金を払っていないので、税収が低いのである。

こういうことを言うと、反論する人はたくさんいるはずだ。

「日本企業は世界でも有数の高い法人税を課せられている」

これは、非常によく語られることである。法人税が高いから、日本は国際競争力が落ちている、だから法人税を下げなければならないというわけである。

表4を見ればわかるように、確かに日本の

■表4　各国の"名目上"の法人実効税率　　2013年1月現在

国	実効税率(%)
アメリカ	40.74
日本	35.64
フランス	33.33
ドイツ	29.55
中国	25.00
韓国	24.20
イギリス	24.00

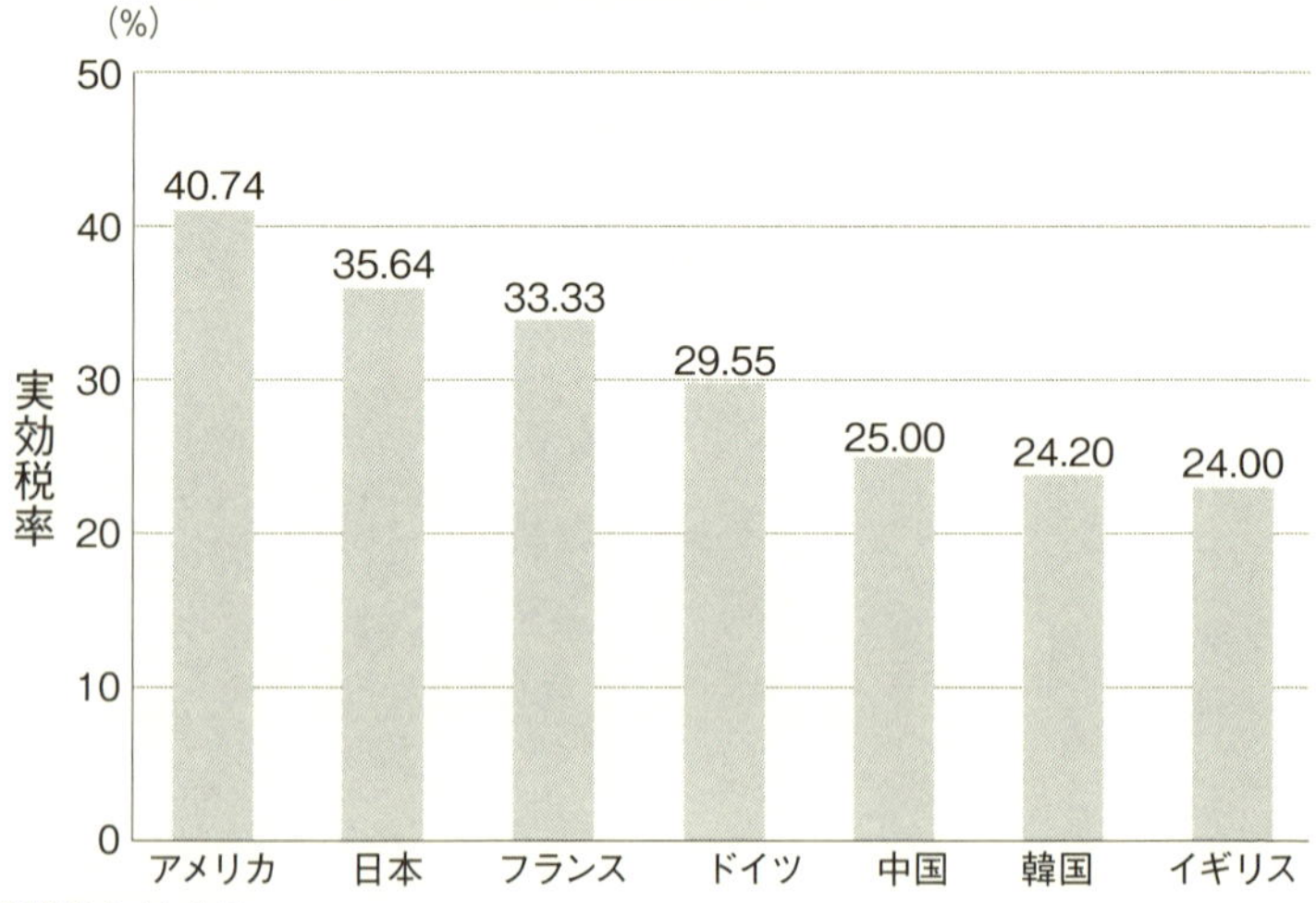

財務省サイトより

法人課税は世界的に見て高い。

アメリカは日本より若干高いが、他の主要国は軒並み日本よりも低い。中国、韓国、イギリスなどは日本より10ポイントも低い。

しかし、しかし、しかし、である。

実はこの数値を鵜呑みにすることはできない。

これは、名目上の税率に過ぎない。

日本の企業の税金にはさまざまな抜け穴があり、実際の税負担率は、これよりかなり低いのである。

表5の主要企業の税負担率を見てほしい。

丸紅などは、なんと0・2%の負担しかしていないのである。

なぜ、このようなことになっているか、理由はいくつかある。

表5　日本の主要企業の実質的な税負担率（2013年）

企業名	税引き前の利益（億円）	負担する税（億円）	負担率
丸紅	3665	7	0.2%
三井住友建設	1805	5	0.3%
伊藤忠商事	7838	187	2.4%
東芝テック	475	20	4.2%
三井物産	10785	683	6.3%
三菱商事	22224	2272	10.2%
トヨタ自動車	51783	13492	26.1%
いすゞ自動車	3496	378	10.8%
本田技研工業	15686	3573	22.8%
利益上位100社	700677	216974	31.0%

まず一つは、輸出企業の税金は非常に優遇されており、抜け穴が多いということである。

大手輸出企業はたいがい現地法人をつくり、現地での製造、販売などはその現地法人が行なうという形式になっている。日本企業は現地法人の株を持っており、現地法人は日本企業の事実上の子会社である。

そして日本企業が輸出で稼いだ金は日本企業に直接送られるのではなく、現地法人の利益として計上される。日本企業は現地法人から配当をもらうという形で、収益を上げるのである。

この現地法人からの配当所得には税金は課せられない。だから、**輸出して稼げば稼ぐだけ、税金は安くなる**のである。というより、工場や会社を国外に移転し、司令部として本社だけを国内に残すのが、企業にとって税制上もっとも有利となる。

そのため近年は本社だけが日本で、世界中に現地法人、工場を持つ企業が増えた。日本企業を海外に移転させているのは、この税制のためだと言ってもいい。

大企業の税金の抜け穴「租税特別措置法」とは？

大企業の税金の抜け穴は、ほかにもある。

よく言われるのが、「租税特別措置法」である。

租税特別措置法というのは、いかめしい名称だけれども、要は「特定の人（企業）の税金を安くしてあげましょう」という制度である。

いわば、国が定めた税金の抜け穴と言える。

日本は名目上の税率は高いけれども、この租税特別措置法があるので実質的な税負担が低くなっている。

この租税特別措置法の代表的なものが「試験研究費の特例」である。

「試験研究費の特例」とは２００３年に導入されたもので、試験研究をした企業はその費用の10％分の税金を削減する制度である。

限度額はその会社の法人税額の20％である。

「試験研究のために金を使った企業を減税するのはいいことじゃないか！」

と思った方もいるだろう。

しかし、**そこが日本国民のお人好し過ぎる部分**なのである。政治家や財界は、そんなに良い人ではない。国民が思っているよりずっとずる賢いのである。

世間的にはあまり知られていないが、この試験研究費減税は大企業に大きなメリットがあった。というのも、大企業はたいがい試験研究費を多く支出している。また減税の対象となる試験研究費の範囲が非常に広いものだったので、大企業のほとんどはこの試験研究費減税を限度額ギリギリまで受けることができたのだ。

試験研究費の限度額は法人税額の20%なので、限度額ギリギリまで試験研究費減税を受けるということは、事実上、法人税が20%下げられたのと同じなのである。

つまり、「試験研究費の特例」とは名ばかりであり、事実上の「大企業の20%減税」に過ぎなかったのだ。

しかし、大企業の税負担を20%も減税するとなると国民の反発は大きい。だから国民に気付かれないように、「試験研究費」という隠れ蓑をつくって、減税を行なったのである。

また日本企業の場合、西欧諸国に比べて社会保険料負担率が非常に低い。西欧諸国は法人税負担は低いけれど、社会保険料負担率は高いのだ。

若干、古いデータになるが、2003年の税と社会保険料負担を西欧諸国で比較してみると、フランス14・0%、ドイツ9・1%に対し、日本は7・6%である。イギリスは6・3%、アメリカは5・6%である。

これを見ると、日本の会社の税・社会保険料負担率は、フランスやドイツと比べるとはるかに低いことがわかる。また現在の日本では、このときより法人税がさらに下げられているので、負担率もさらに下がっている。それを考えれば、イギリス、アメリカとほぼ同程度だ。

企業にとって、法人税も社会保険料も、公益のための支出であり、広い意味での税金である。国際間の企業分析をする場合も、税金と社会保険料はセットで扱われる。だから、企業の税負担を論じるならば、法人税と社会保険料を合わせた負担率を検討しなければならないはずだ。

それをやった場合、日本の企業の負担率は主要国の中で決して高いほうではない。中くらいなのである。

だから、日本の法人税は高すぎるから減税しろ、などと言うのは詭弁《きべん》なのである。

バブル崩壊以降も日本企業はしっかり稼いでいた

「大企業にもっと税金を払わせろ」

「大企業が金を貯め込み過ぎているのが諸悪の根源」

などと述べると、こういう反論をする人が出てくるはずである。

「日本の企業はバブル崩壊以降、苦しんできたはず。だから、なるべく税金を払わせるべきではない」

と。

しかし、これは財界のプロパガンダにまんまと引っかかったお人好しの発想なのである。

バブル崩壊以降、日本の企業はどこも苦しんでいるイメージがあるが、実は日本企業の業績はずっと悪くなかったのだ。

それは経済の重要数値を見れば、誰だって簡単にわかるものなのだ。

たとえば、輸出入額である。

日本経済は、原料を輸入し製品加工して輸出することが「主産業」である。この輸出入に関しては、日本経済はバブル崩壊の影響はまったく受けていないのである。

バブルの絶頂期だった1991年と2007年を比べると、輸出は約2倍になっているのだ。

貿易収支も、バブル崩壊以降もずっと10兆円前後の黒字を続けている。赤字になったのは、東日本大震災の後になってからなのである。

しかもその赤字額も、これまで積み上げた貿易黒字に比べると、屁のような額なのである。

「近年、日本経済の国際競争力が落ちた」

などと言われることがあるが、決してそんなことはない。

これは、私だけが特別に入手した秘密のデータなどではない。財務省などが大々的に公表しているデータなのである。

毎年、毎年、10兆円もの貿易黒字を何十年も続けてきた国など、世界中にどこにもない。国際競争力から見れば、日本は世界のトップクラスであることは間違いないのだ。

貿易だけではない。

企業の収支も、バブル崩壊以降も決して悪くはない。

日本企業の営業利益はバブル崩壊以降も横ばいもしくは増益を続けており、トヨタに代表されるように、２０００年代に史上最高収益を上げた企業も多々あるのだ。

バブル崩壊以降、国民の多くは、「日本経済は低迷している」と喧伝され、低賃金や増税に耐えてきた。そして、大企業には優遇を許してきた。

しかし、その前提条件が、実は間違っていたのである。

大企業が稼ぐだけ稼ぎ、その金を自社の口座に貯め込むばかりで社会にまったく還元してこなかったことが、今の日本社会の疲弊を招いているのである。

この10年で資産を100兆円も増大させた大企業

大企業がしっかり稼いでいるということは、資産面にもきっちりデータとして表れている。

たとえば、大企業の「内部留保金(利益剰余金)」は近年増大しているのである。

この10年くらいの間に大企業は、しこたま貯蓄を増やしてきた。内部留保金は、現在、300兆円を突破している。

内部留保金とは、簡単に言えば、企業の利益のうち、配当や役員賞与などを出した残りの金額のことである。つまり企業にとっては貯蓄ということになる。

表6を見ればわかるように、企業の内部留

■**表6　近年の企業の内部留保金（利益剰余金）**

（兆円）

年	内部留保金
2002	190
2003	198
2004	204
2005	202
2006	252
2007	269
2008	280

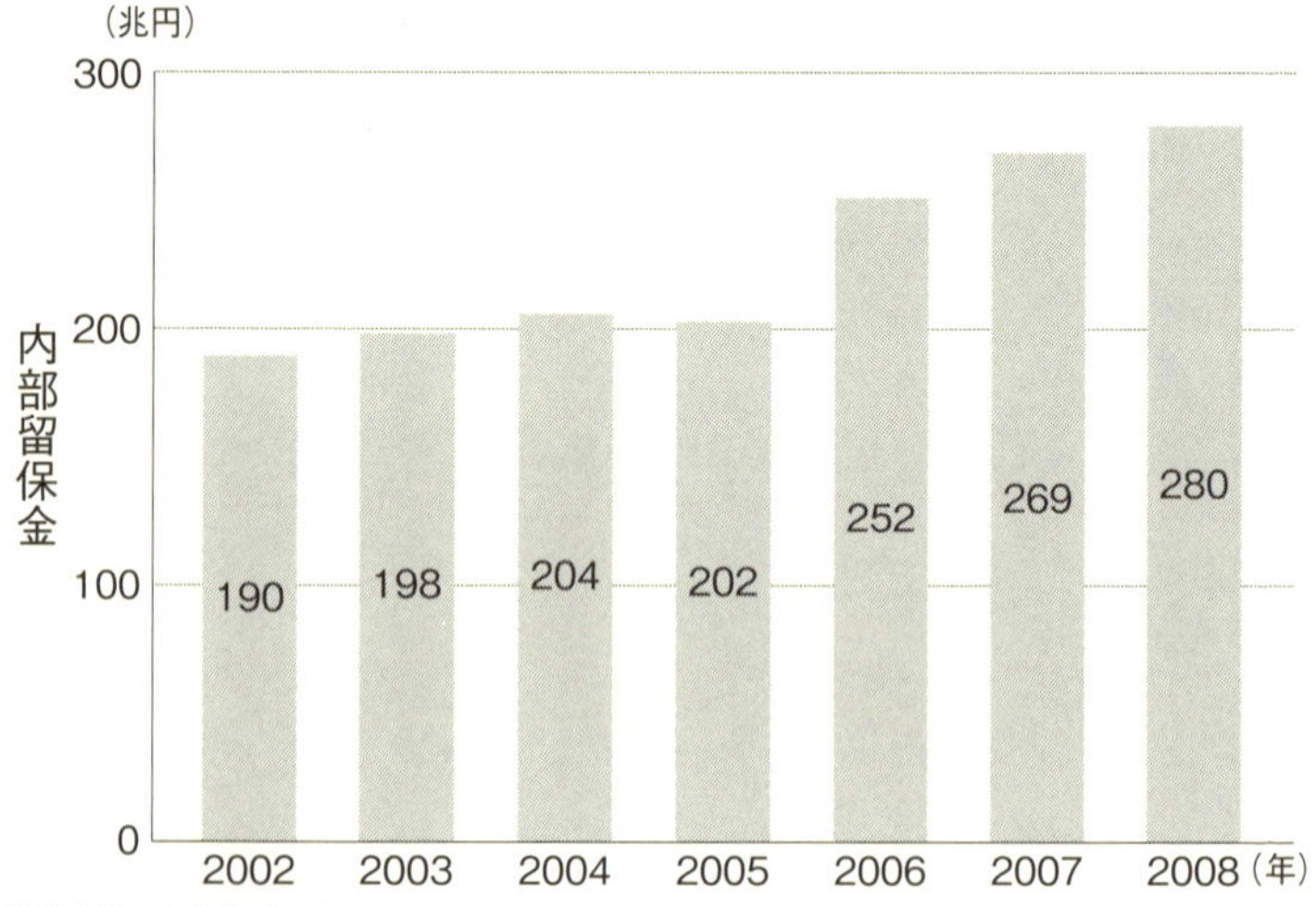

財務省法人企業統計調査より

保金はバブル崩壊以降も着実に増え続けているのだ。

2002年には190兆円だったものが、2008年には280兆円にまで膨れ上がっている。さらに2012年には300兆円を大きく超えている。

たった10年で1・5倍以上になっているのだ。

内部留保金というのは本来、現金預金だけではなく、設備投資にも充てられるものである。もし内部留保金の多くが設備投資に充てられているのであれば、それだけ金が社会に還元されていることであり、ある程度の意味はある。

しかし昨今の日本の企業の場合、内部留保金のほとんどは設備投資に回らず、現金預金ばかりが貯め込まれているのである。現在の大企業の手元資金(現金預金流動性有価証券)は200兆円を突破した。内部留保金の3分の2が現金預金に化けたという体である。

これは実は異常値と言えるものなのだ。

この200兆円の手元資金というのが、どれだけ異常か、普通の人にはなかなか理解できないと思われるので、アメリカと比較してみたい。

アメリカの企業の手元資金は2010年末の時点で、162兆円となっている。

アメリカの経済規模は、日本の2倍である。そのアメリカ以上に手元資金を持っているということは、経済社会における割合としては、アメリカの実質2倍以上の手元資金を持っていることになる。

また、アメリカの162兆円の手元資金も決して少ない額ではない。リーマン・ショック以降、企業が資金を手元に置きたがる傾向があり、膨れ上がったものである。そして、この巨額な手元資金が、アメリカ経済の雇用環境を悪くしているとの指摘もされている。

そこで、アメリカ企業以上に手元資金を持っている日本企業が、どれだけ経済環境に悪影響を与えているかを考えなければならない。

社会の金のうち200兆円もの額が、企業の中で眠っているのである。200兆円という額はGDPの約4割である。社会の金回りが悪くなって当然なのである。

「貿易赤字13兆円」という数字のトリック

大企業、特に輸出企業がまともに税金を払っていない、とこれまで述べてきた。

これに対して、反論のある人もいるだろう。

「日本は輸出立国だから、輸出企業を優遇するのは当然」

という意見である。

また平成25年度の貿易統計速報で、貿易赤字が13・7兆円となり過去最大になったことが話題になった。このニュースを見ると、なおさら「輸出企業を優遇しなければならないのじゃないか」と思う人も多いだろう。

しかし「貿易赤字13・7兆円」という数字を引き合いに出し、国民の不安を煽《あお》るのは、官僚と財界のあくどい手口なのである。

「貿易赤字13・7兆円」

「過去最大」

などと言われると、日本はやばいんじゃないかと不安になってしまう人も多いはずである。しかし実はこの貿易赤字13・7兆円という数学は、まったく不安材料ではない。

というのも、先ほども述べたように、昨今の日本の大企業というのは自社が直接、輸出するのではなく、いったん現地子会社に輸出し、現地子会社から配当をもらうことで稼ぎを得ている。

だから日本側の企業としては、安い値段で現地法人に輸出し、現地法人の利益を配当としてもらったほうが有利なのだ。配当には税金がかからないからである。

ということは、輸出するときにはギリギリ安い値段に設定されるので、貿易自体は赤字になりやすい。

しかし配当で収入を得ているので、国際収支全体から見れば赤字ではないのだ。

貿易収支というのは、国際間の物の売り買いだけの数値である。配当など、すべての国際間の取引の収支である「経常収支」では、日本は黒字なのである。

だから日本の輸出が振るっていないなどと考えるのは、大間違いなのである。

またそもそも国際間の取引において、**国家がもっとも気にしなくてはならないのは、「外貨準備高」**である。外貨準備高とは簡単に言えば、貿易や配当などのこれまでの黒字額を累積したものであり、これが多いほど国際間の取引においては「金持ち」ということになる。

では日本の外貨準備高はどうかというと、中国に次いで世界第2位、国民1人あたりの外貨準備高では断トツの世界一なのである。この日本の外貨準備高はむしろ「持ち過ぎ」だとして、世界から非難されているほどなのである。

つまり日本の輸出企業は、これまで散々儲け過ぎてきたのだ。

「貿易赤字13・7兆円」という言葉に踊らされて、また輸出企業にさらなる優遇措置などをしてしまえば、「**盗人に追い銭**」になってしまうのである。

法人税を下げても賃金は上がらない

また昨今、安倍内閣では法人税の減税を画策している。

これも大変な愚策である。

これまで述べてきたように、日本の法人税は決して高くないし、また企業が金を貯め込んでいることが、日本社会の金回りの悪さの要因にもなっているのだ。

むしろ企業が貯め込んだ金を、いかに社会に吐き出させるかを考えなくてはならないのであり、ますます企業に金を貯め込ませてどうするのだ？　ということである。

多くの人は、「法人税が下がれば賃金が上がる」と思っているようである。

政治家なども、賃金を上げるためにも法人税を下げるべきなどと主張している人がいる。

サラリーマンなども、「法人税が下がれば給料が上がるんじゃないか」と期待して、法人税の減税に賛成している人も多い。

しかし、**これは大きな勘違い**である。**法人税が下がれば賃金も下がる**のである。

これは理論的にも言えることだし、データとしても明確に表れていることなのである。

法人税は、企業の利益に対してかかってくるものだ。

企業の利益は、サラリーマンのものではなく株主のものである。だから法人税が下がって、その分の利益が増えれば、それは株主に回されるのだ。

またもし法人税が減税されれば、会社は株主のためになるべく多くの利益を残そうとする。利益というのは、売上から経費を差し引いたものである。利益を多く残そうとするならば、売上を上げるか、経費を下げるかしかない。必然的に会社は売上を増加させ、経費を削減させる方向に動く。

そして経費を削減させると、サラリーマンの給料カットにつながるのだ。

実際にこの20年の日本経済を見れば、それはよくわかるはずだ。20年で法人税は10％以上も下げられた。また先に紹介した試験研究減税も行なわれた。そしてこの20年の間には、戦後最長と言われる長い好景気の時代もあったのである。

にもかかわらずこの20年間、サラリーマンの給料はほぼ一貫して下げられてきた。事実、サラリーマンの給料は20年前より10％以上も下がっているのだ。

だからサラリーマンは、勘違いをしてはならない。

法人税が下げられたら給料も下げられてしまうのである。

第２章

中小企業は税金を払わなくていい

中小企業は存在しているだけで社会的価値がある！

前項まで、今の日本でいかに大企業や富裕層が税金を払っていないか、ということをご紹介してきた。

その一方で、サラリーマンや中小企業は過度の税負担に苦しめられてきた。

ここからは中小企業やサラリーマンが、過度の課税から逃れる方法を紹介していきたいと思う。

最初にはっきり言っておきたいが、「**中小企業は税金など払わなくていい**」と筆者は考えている。

今の中小企業は大企業のような国の支援もなく税制優遇もなく、中国、韓国などと価格競争をしなくてはならないのである。

その苦労たるや、並大抵のことではない。

だから中小企業は、**もう存在しているだけで立派に社会的価値がある**のだ。税金（補助金）も使わず、社会に害を与えるわけでもなく、営業を続けている中小企業はもうそれだけで立派なのだ。

そして、もしその中小企業が経営者の家族以外に1人でも人を雇用しているとなれば、その社会貢献は多大なものがある。何十人も従業員を雇っている中小企業は、表彰してもいいくらいの偉さがあるのだ。

中小企業を大事にしないならば、将来の国力は必ず落ちていく。

トヨタもホンダもソニーも、最初は中小企業から出発したのである。

日本の高度経済成長を支えてきたのは、中小企業の技術力だと言っても過言ではない。

しかし現在の国の政策を見る限り、中小企業はまったくおろそかにされている。

消費税の増税や度重なる社会保険料の値上げが、中小企業にどれほど大きなダメージを与えているか？

国は、まったく理解していない。

しかし国に文句を言っているばかりでは、らちが明かないので、自分たちでやれることからやってみるべきだろう。

まずは税金を極力安くすることである。

何度も言うように**税金ほど無駄な支出はない**からだ。

まずは「経営セーフティ共済」を使いこなそう

中小企業が節税する際に、まず真っ先に考えていただきたいのは、「経営セーフティ共済（中小企業倒産防止共済制度）」である。

経営セーフティ共済については、筆者はいろんなところで推奨しているが、まだまだ使っていない中小企業の経営者の方も多いようである。

この経営セーフティ共済とは本来、取引先に不測の事態が起きたときに資金手当てをしてくれる制度である。

簡単に言えば、毎月いくらかのお金を積み立てておいて、もし取引先が倒産とか不渡りを出して、被害を被った場合に、積み立てたお金の10倍まで無利子で貸してくれるものである。

が、この経営セーフティ共済の本当の価値は「**節税になる**」ところにある。

なぜならば、掛け金をすべて経費に算入できるのである。

経営セーフティ共済の月額の掛け金は５０００円から20万円である。なので、最高額の20万円に加入しておけば、年間２４０万円を経費として計上しながら、資産を蓄積できるのである。

さらに1年分の前払いもでき、支払い時に事業年度の経費に入れることができる。たとえば決算期近くになって、今年は意外に利益が出ていることがわかった、しかし、節税策を施そうにも時間がないというような場合。この経営セーフティ共済に、月額20万円で加入し、1年分前払いをすれば、実に240万円もの利益を一気に消すことができるのだ。

積立金はもし不測の事態が起こらなかった場合は、40カ月以上加入していれば全額解約金として返してもらうこともできる。40カ月未満でも解約してもらえるが、返還率は若干悪くなる。

また解約手当金の95％までは、不測の事態が起こらなくても借り入れることができる。この場合は利子がつくが、それでも0・9％という低率である。なので、運転資金が足りないときには、この積立金を借りることができる。

つまり、経営セーフティ共済とは倒産防止保険がついた定期預金のようなものだ。金融商品として見ても、非常に有利なものと言える。

経営セーフティ共済は、国が全額出資している独立行政法人「中小企業基盤整備機構」が運営しているので、この機関自体がつぶれる心配もない。

また途中で掛け金を増減することもできる。なので初めの掛け金は節税のために最高額にしておいて景気が悪くなったら減額するという手も使える。

加入の申込や問い合わせは、金融機関の本支店・商工会連合会・市町村の商工会・商工会議所・中小企業団体中央会などである。詳しい内容が知りたければ「経営セーフティ共済」で検索すれば、以下のページがでてくる。

中小企業基盤整備機構 (経営セーフティ共済問い合わせ先)
http://www.smrj.go.jp/tkyosai/

社長の報酬は高めに設定しよう

中小企業の税金を安くする上で、まず念頭に置いておいていただきたいのが、「社長の報酬は高めに設定する」ということである。

そうしたほうが節税上、絶対に有利だからである。

中小企業の経営者の方は、得てして自分たちの報酬を低く抑えがちである。

会社の業績を少しでもよくするために、なるべく自分の報酬は低く抑えてしまう。

また自分の報酬を上げれば、自分の所得税が増える気がして、報酬を上げないこともある。しかし、報酬を上げても所得税は増やさない方法もあるのだ。

社長報酬は、年度の途中で増額することができない。だから会社が軌道に乗って儲かってから自分の報酬を上げようと思っても、次の年度まで上げられないのだ。

そのため会社が儲かっても、経営者にはそれが反映されず、儲かった分はすべて利益に計上されてしまう。そして利益の40％近くが税金で持っていかれる。

オーナー社長の場合は、配当金で利益を吸収する手もあるが、役員報酬で得るよりはかなり税金が高くなってしまう。

だから社長の報酬は、最初から多めにしておいたほうがいいのだ。

会社の最低限の業績を基準にするのではなく、会社がマックスで儲かったときを基準にして、社長報酬の額を決める。

会社の事業が思ったよりうまくいかずに「こんなに高い報酬は払えない」という状態になれば、減額するか未払いにしておけばいい。社長報酬が減額されたり、未払いになっても文句を言う人など誰もいない。

社長報酬は期中で増額はできないが、一定の手続きを踏めば減額はできる。

税務上、減額には要件がつけられているが、経営が厳しい企業が役員報酬を下げるのは当たり前のことなので、税務署もこの点は厳しいことを言えないのだ（ただし減額した場合でも、その期中は一定の額にしておかなくてはならない）。

役員報酬を多めにしておけば、会社が思った以上に儲かったとき、急に税金で悩まなければならないといったことがなくなるわけだ。

とにかく現在の税制システムの上では、役員報酬は高めが有利であることを絶対に忘れないでいただきたい。

社長の所得税も安くする方法

前項で社長の報酬は高めに設定すべしと述べたが、普通は社長の報酬を高くすれば社長の所得税は多くなるものである。そのために、社長報酬を高くすることに躊躇している経営者も多いだろう。

なので、ここでは社長の報酬を上げたときに、社長の所得税や住民税を増やさない方法をご紹介したい。

その方法は簡単である。

「**小規模企業共済**」を使うのだ。

小規模企業共済とは、会社の経営者や個人事業者が毎月いくらかを積み立てておいて、事業をやめたり退職したときに、幾分の利子をつけてもらえる制度である。つまりは、経営者のための退職金積立制度のようなものだ。

毎月、金を積み立てて、自分が引退するときや事業をやめるときに、通常の預金利子よりも有利な利率で受け取ることができる。本来は自営業者を対象としたものだが、中小企業の経営者、役員やフリーランサー、SOHO事業者も加入できる。月に1000円から7万円まで掛けることができる。

この制度がなぜ節税になるのかと言うと、掛け金の全額を所得から控除できるからである。

つまりこの共済に入っていると、経営者や役員の所得税が安くなるというわけだ。だから役員報酬を高めに設定し、増えた分で「小規模企業共済」の掛け金を払えば、所得税、住民税の増加はなくなるのだ。

たとえば役員報酬を去年よりも84万円増加させ、小規模企業共済に入って月7万円の掛け金を払うとする。そうすれば、役員報酬の増額分はすべて小規模企業共済に吸収されるので、所得税、住民税の増額はない。掛け金は毎年積み立てられるので、役員報酬の増額分は全部貯金しているのと同じである。つまり貯金をしつつ節税もできるのだ。

また共済金を受け取った場合は税制上、退職金か公的年金と同じ扱いとなり、ここでも優遇されている。社長だけではなく役員もみなこれに加入すれば、それぞれの所得税が安くなる。

ただし小規模企業共済にも難点はある。普通の預金と違って自由に引き出すことができないことである。小規模企業共済は原則として、その事業を辞めたときか、退職したときにしか受け取ることができないのだ。

事業が思わしくなくなったときや、いざというときに事業を廃止したことにすれば、給付金がもらえる。事業を廃止しなくても解約できるが、その場合は給付額が若干少なくなる。

小規模企業共済の問い合わせ先も、経営セーフティーネットと同じ中小企業基盤整備機構である。

中小企業基盤整備機構（小規模企業共済問い合わせ先）

http://www.smrj.go.jp/tkyosai/

代表者にボーナスを出そう

平成18年度の税制改正で、代表者、役員にもボーナスが払えるようになった。と言っても、事前に支給時期と支給金額を決めておかなくてはならないので、利益処分という形では使えない。

しかし、これも使いようによっては、かなりの節税になる。

この制度は、「事前確定届出給与」といって、定時株主総会（もしくは事業年度開始から4カ月以内の日のどちらか早い方）までに、税務署に支給時期と支給金額を届け出なければならない。つまり、

「事前に決められた額を払うのであれば、ボーナスの支給を認めましょう」

ということである。

期末の利益処分として使える方法ではないが、事業年度が開始して4カ月の間（もしくは定時株主総会まで）に今年は儲かりそうだなという雰囲気があれば、それに合わせて、ボーナスの支給額を決めればいいのだ。

この場合も、少なめよりは多めにしておくほうがいい。

また、もし思ったより業績が悪く、決められた額のボーナスが支払えなくなったような場合は、変更届を出して減額したり不支給にすることもできる。変更届を出さずに減額すれば、全額が損金不算入になるので注意を要する。

また減額の変更届を出す場合には、若干の条件がある。

その条件とは簡単に言えば、次のようになる。

・業績が悪化し、株主などに対して申し訳がたたずボーナスの減額をせざるを得ない場合
・銀行などの借り入れに際して、ボーナスの減額をせざるを得ない場合
・業績の悪化で取引先などに迷惑をかける恐れがあり、ボーナスの減額をせざるを得ない場合

総じて言えば、資金繰りが悪化してボーナスが払えないときにまで、払う必要はないということである。

だから期首にはそう心配しないで、ボーナスの支給を決めておけばいいのだ。

ボーナスを減額をする場合、「利益調整」と見られ、税務署から文句を言われるおそれもある。しかしボーナスの支給に関して、合理的な算定基準があり、その年に明らかに会社の業績が思わしくないことが客観的にわかるならば、税務署は否認できないのである。

「業績が悪いからボーナスを下げる（もしくは不支給にする）」

のは、ごくごく当たり前のビジネス慣行だからである。

ただしボーナスの支給額を決めるときに、「過去3年の業績を元にボーナス額を決定し

た」など合理的な根拠を残しておいたほうがいいだろう。

ボーナスを厚くすれば社会保険の節減にもなる

ボーナスを厚くすると、社会保険料の節約にもなる。

ボーナスにも社会保険料はかかってくるが、掛け金には上限があるのだ。

健康保険はボーナスの年間540万円までしかかからない。だから年間540万円以上のボーナスをもらっている人は540万円を超える部分については、健康保険料はかかってこないことになる。

また厚生年金は月150万円までしかかからない。だからボーナスを1回につき150万円以上もらっている人は、150万円を超える部分については厚生年金がかかってこないのである。

たとえば、年1000万円の報酬をもらっている人がいるとする。

この人の報酬の払い方を、毎月の支払いを25万円にして年間300万円とし、残りの700万円を1回のボーナスで払うことにしたとする。

となると、ボーナス700万円のうち、健康保険料がかかってくるのは540万円のみで、残りの１６０万円には健康保険料はかからないのである。毎月均等に報酬をもらっていれば約１００万円の健康保険料がかかるが、この払い方をすれば86万円で済む。

また厚生年金の保険料は、ボーナス７００万円のうち１５０万円のみなので、５５０万円はかからないのだ。毎月均等に報酬をもらっていれば約１７０万円の保険料がかかるが、この払い方をすれば半額以下の約77万円で済む。**表7**参照。

ボーナスをより厚くすれば、社会保険料の節減はより大きくなる。

生活していく上で、ボーナスの割合があまりに高いとなかなか不便なことも多いかもしれない。が、ボーナスをいくらまでにしなければならないという縛りはないので、もし可

■表7　年収1000万円を毎月均等にもらった場合と、ボーナスでたくさんもらった場合の比較

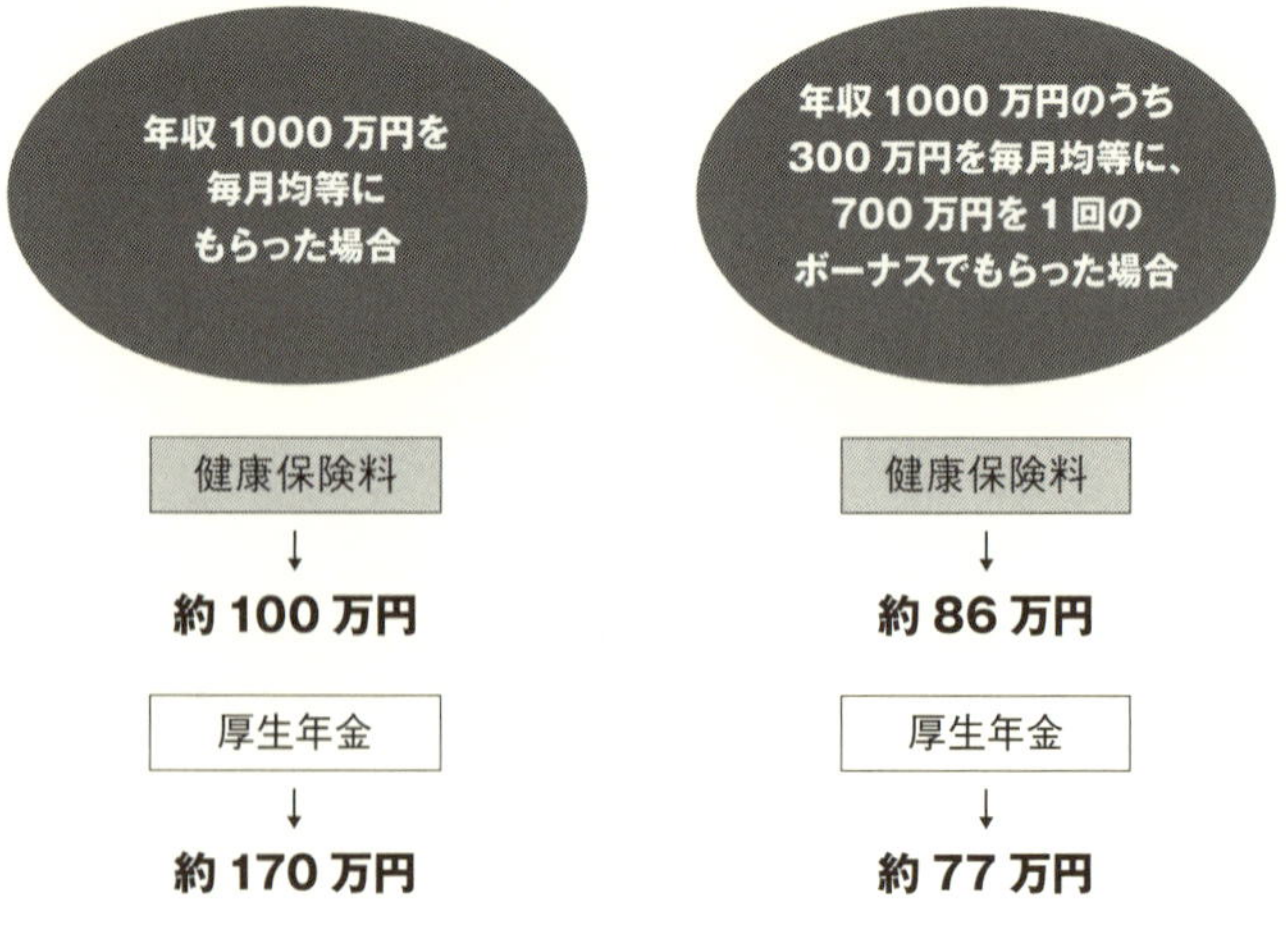

能な方は、極限までチャレンジしていいと思われる。

ただし厚生年金の支払いが少なければ、将来、もらえる年金の額も少なくなるので、その点は注意を要する。

収入を家族に分散する

他に中小企業が行うべき節税策は、収入を家族に分散することである。

日本の所得税は累進課税の制度をとっており、収入が多くなるほど税率が高くなるように設定されている。

たとえば1000万円を1人の収入としてもらえば、200万～300万円程度の税金が発生する。しかし、この1000万円を家族で分散すれば、驚くほど税金は安くなるのだ。

私の国税調査官時代の税務調査で、こういう会社があった。

その会社は水道工事を営んでおり、社長以下、役員、社員はすべて家族という典型的な家族会社だった。

売上は年間3000万円程度あったので、その地域ではまあまあの会社だった。この一家はかなり大きな家に住み、家中に豪華な家具や電化製品があった。車も社長用、社長の妻用、社長の父親用と3台も持っていた。それもほとんどが会社の経費で買ったものなのだ。

しかし一家が払っている税金は、家族すべての所得税、住民税を合わせても十数万円に過ぎない。

社長の報酬は年間300万円程度、会長である社長の父親も300万円程度、社長の妻は100万円、社長の母親も100万円、また大学生の娘、高校生の息子にもアルバイト代としてそれぞれ100万円近く払っているのだ。

ここまで収入を家族できれいに分散していれば、1人あたりの収入は最高で300万円となる。300万円ならば、税金は多くても数十万円ですむのだ。

しかも妻や子供たちは会社から報酬をもらっているが、扶養からはずれない程度の金額に抑えているために、扶養控除などの特典はしっかり享受している。

この会社の社長は、税務の上では「年収300万円で妻と2人の子供を養うサラリーマン」ということになっているのだ。「年収300万円で妻と子供2人を養っている」のならば、税金はほとんどゼロである。社会保険料も驚異的な安さである。

「会社がそんなに家族に給料を払って、税務署は文句を言わないのか?」

と思う人もいるだろう。

しかし**家族への給料は、実は税法の抜け穴的なもの**である、一定の手順を踏んでいれば税務署は文句を言えないのだ。

給料は仕事に対して払われるものであり、ただ収入を分散するために家族に給料を払っていたとしたら、税務署は当然、指摘する。

しかし実際にある程度の仕事をしていれば、その給料を税務署が否認することは非常に難しいのだ。

この会社では、現場の仕事は社長がやり、忙しいときは社長の父親が時々仕事を手伝っていた。妻は経理を少しやり、母親は事務所の掃除などをしている。娘は妻の経理の仕事を少し手伝い、息子は現場の手伝いを少ししているのだ。

彼らの仕事については日報に残されており、税務署としてはそれを認めざるを得ない。日本の税務申告は原則として納税者側の提出した申告を認めることになっており、この会社に対して「その給料はおかしい」として税務署が否認するには、税務署が「家族は仕事をしていない」という証拠を出さなくてはならないのだ。

また仕事に対して著しく給料が高ければ、税務署は否認することができるが、彼らの給料は高くても父親の年間300万円であり、妻や子供たちは100万円程度しかもらっていない。普通に人を雇えば、ちょっとした雑用でも日当1万円程度は出さなくてはならない。なので、彼らの給料は決して非常に高いとは言えないのである。この程度の給料であれば、税務署が高すぎるとして否認することは非常に難しいのだ。

この会社は会社としての所得はゼロなので、法人税は払っていなかった。

その理由も人件費である。

この会社は儲かっているときには、決算期にボーナスを払って利益を相殺してしまうのだ。だから、利益が出ないようになっているのだ。

もちろん、ボーナスを支払っている社員全員が社長の家族である。つまり、自分の家族にボーナスを払うことで会社の所得をゼロにして、法人税などを免れているのだ。

決算賞与を使いこなせ

家族を社員にした場合、もっとも役に立つ節税策は「**決算賞与**」である。

決算賞与というのは、決算期に出すボーナスのことである。

決算賞与は、企業の利益を調整するための打ってつけのアイテムである。決算期が近づいてきて、意外に利益が多いことがわかってきた、このままでは税金がたくさんかかってしまう。そういうときには決算賞与をボーンと出して、利益を吐き出してしまえばいいのだ。

極端な話、いくら利益が出ても、それと同じだけの決算賞与を出してしまえば、利益を消してしまうことができる。

決算賞与の欠点は、経営者（役員）には出せないことである。利益連動型の賞与も出せるようになったが、これは非同族会社だけなので、ほとんどの中小企業はあてはまらない。しかし家族会社の場合、経営者に決算賞与を出せなかったとしても、他の決算賞与は全部、家族の中に入るのだから**丸儲け**である。

家族会社じゃなくても、決算賞与は会社の節税策として非常に有効だ。

利益が出れば、最低でもその30％は税金で持っていかれるのだ。残りの70％も配当をすれば2割が税金として持っていかれるので、利益の半分近くは税金だということになる。半分も税金を払うくらいなら、従業員に還元したほうがいいのである。

「決算賞与を出したいけど、決算月は資金繰りがつかない」

という会社もあるだろう。決算期には、何かと支払いが必要だからだ。

その場合、決算賞与の時期を1カ月ずらすことも可能である。

決算賞与は必ずしもそのときに払う必要はなく、未払い賞与として処理することも可能なのだ。未払い賞与というのは「払うことは決まっているのだけれどまだ払っていない賞与」のことである。

ただしこの未払い賞与を経費として計上する場合は、次の3つの要件を満たさなければならない。

1　決算期日までに、支給額を支給される各人に通知していること
2　決算期日の翌日から1カ月以内に支払っていること
3　通知をした事業年度に経費処理をしていること

つまりは、社員に決算賞与があり、いくら払うということを決算期までに通知して、1カ月以内に払わなければならないのだ。が、中小企業であれば、こういうことは難なくできるはずだ。

非常勤役員への退職金

事業をやっていると、たまに思った以上に利益が出てしまうことがある。

そして、それに気づいたときにはもう決算期が迫っていて、節税策もほとんど施しようがない。そういう状況になり、やむなく無理な会計操作（つまり不正）をしてしまう。脱税や課税漏れ事例のほとんどは、こういうケースである。

もし、こういう状況になったとき、もっとも手っ取り早く多額の経費を計上する方法は、「非常勤役員」に退職金を払うことである。

非常勤役員というのは、常勤じゃない役員なので会社にはあまり来ないし、これといった業務もしていないことがほとんどである。そういう「あまり必要でない非常勤役員」を退職させるわけだ。

非常勤役員の場合は、社長や役員などを辞めさせることよりもはるかに会社にとって負担は少ない。

しかも非常勤役員の退職金もそれなりの額（数千万円程度）は出すことができるので、かなりの節税となる。

ただし非常勤役員の退職金は、日ごろの報酬の額に比例する。年間報酬1000万円くらいならば、数千万円の退職金を払うことも可能である。が、年100万円といったように、ほんの形ばかりの報酬だった場合は、退職金もそう多くは出せない。

それでも一応、退職金なので、それなりの額になるし、節税効果も大きい。1000万円規模の節税がしたい場合には、有効な手段だと思われる。

そのため会社に非常勤役員を置いておくことは、非常にメリットがあることなのだ。非常勤役員は給料の分散にもなり、常日頃の節税策としても使えるのである。

だから、**会社をつくったときに家族や親族など近しい人を自社の非常勤役員にしておいておきたい。**

そして1人の非常勤役員を退職させた後は、他の人をまた非常勤役員にしておく。これは、今後の節税のためである。

親子何代か続いている企業などでは、引退した先代は必ず非常勤役員に据えておきたい。まったく仕事を辞めてしまい会長職も辞めるというときでも、非常勤役員の地位には据えておいた方がいい。経営上も節税上も、いざというときに頼りになるからだ。

ただし非常勤役員の場合も、家族を従業員にしたときと同様、まったく会社の経営に関与していないのであれば、税務署からお咎《とが》めを受けることもある。

しかし時折、会社に対して助言を与えたりしていれば、税務署がそれを否認するのは難しい。世間のほとんどの非常勤役員は、そういう仕事しかしていないからだ。だから一応、非常勤役員の行った業務、助言の類などの記録は残しておくといいだろう。

非常勤役員の報酬は、普通の役員よりは低くしておかないとまずい。中小企業の場合、月10万円から20万円くらいまでなら大丈夫だといえる。規模が大きい会社、利益の多い会社はもっと払ってもいいが、それも世間相場と見比べなければならない。

非常勤役員でも、監査役などにすればけっこう高い報酬を払っても大丈夫である。もちろん経営者よりも多く払っていたりすれば問題だが、経営者の半分くらいまでは問題ないだろう。監査役になるには、会計士などの資格が別にいるわけではない。誰でもなることができる。

上手に「公私混同」しよう

中小企業が税金を安くする場合、もっとも手っ取り早い方法は「**公私混同**」である。

つまりは、私的な支出をどれだけ会社の経費で落とせるかということである。

中小企業の場合、経営者が会計のすべての権力を持っていることが多いので、大企業よりも機動力はある。

その機動力を生かして、**なるべく多くの「公私混同」を行なう**のである。

もちろん、あからさまな公私混同はできない。税法では、経営者などの私的な費用を会社の経費では落とせないことになっている。

だから一定の手順を踏み、税務署に「公私混同」であることを認めさせないようにしなくてはならないのだ。

その手順というのは、実はそう難しくはない。会社の経費で落とせるかどうかの基準は、非常に単純である。

「会社の業務で使ったかどうか」

だけである。

どんな費用でも会社の業務に使ったものであれば、原則として経費に計上することができるのだ（談合費など特定の費用を除いて）。

たとえば、**スポーツカー**。

これも、もし営業など会社の業務で使っているのであれば、会社の金で購入することができるのである。

また福利厚生費という科目を使えば、会社の業務に使っていないものでも、会社の経費で落とすことができる。もちろん、福利厚生費は、無条件に何でも使えるものではなく、条件はある。

しかしその条件さえクリアすれば、かなり広い範囲で「公私混同」ができるのだ。

では、次項以下で「公私混同」の具体的な方法を紹介していきたい。

会社の金で飲み代を出す

公私混同をして税金を安くする方法でもっともわかりやすく、やりやすいのが「飲み代」だ。

本来、法人税法では、接待交際費は経費（損金）として認められていない。しかし、現在は特例で資本金1億円以内の中小企業では、年間800万円までの接待交際費を税務上の経費に計上できることになっている。

中小企業はこの特例を使わない手はないと言える。

なにしろ、飲み代を会社の金で払えるのである。

究極の「公私混同」だと言えるだろう。

ただ、もちろん、接待交際費として支出するのだから、「接待交際」という形はとっていなければならない。単なる飲食ではダメである。自分1人で飲んでもダメだし、誰かを接待しないとならない。

ただし接待といっても、必ずしも直接の取引先だけじゃなくてもいいのである。少しでも仕事に関係のある人、仕事にプラスになる話ができる人であれば、接待交際費の対象になるのである。だから、その範囲は相当に広い。

友人などと飲んでいるときに、役員をしている奴が「いいよ、いいよ、ここは会社の金で出すから」などと言って、奢《おご》ってもらった経験を持っている人も多いだろう。あれを自分でやるのである。

とても気持ちがいいだろうし、節税にもなるのだ。

年間800万円というと、相当の金額である。報酬とは別に、800万円の小遣いを持っているのと同じようなものである。毎日欠かさず2万円使っても、まだ余裕があるのだ。普通の中小企業であれば（よほど接待工作などが必要な業種でなければ）、この金額があれば十分だと思われる。

またこの接待交際費は飲み代だけではなく、ゴルフなどのレジャーでも使えるし、贈答品などでも使える。交友関係の費用は、これで全部賄える。

会議費として飲食費を出す

前項で中小企業の接待交際費は800万円も枠があり、使いみちもかなり広いことをご紹介した。

が、800万円では足りないという〝不届き〟な経営者もおられるかもしれない。ランチなどを会社の経費で落としたいと思っている方もいるだろう。

そういう場合、**「会議費」**を使うといいのである。

会議費というのは、会議の中で飲食などをしたときに支出する費用のことである。

会社には会議費という経費が認められている。

これは、食事と若干の飲み物付きでも可能なのだ。目安としてだいたい1人3000円とされている（明確な基準はない）。

会社では重要な仕事が始まるときや終わったときに、セクションで飲みに行くことも多い。

そのときに、この「会議費」を使うといいだろう。3000円程度なので、お食事会程度分にしかならないが使わない手はない。

また社内で、出前などを取るのなら、3000円でも充分に豪勢な会ができる。

ただこれを使うには、ちょっと注意が必要である。

会議費を経費とするには、「会議をするのにふさわしい場所」になっているので、居酒屋などではまずいのだ。酒類も1人ビール1、2本程度になっている（これにも明確な基準はない）。また会議という建前をとらなくてはならないので、会議が行なわれたという証拠も残さなければならない。

少し面倒くさいが、週に1回はセクションで飲み会をするような会社では、ぜひ活用したい。

5000円以下の特例を使いこなせ

前項では、会議費として飲食費を経費計上する方法をご紹介したが、社外の人とは飲むことができないので、不便もある。

もし社外の人と飲むときには、「**5000円以下の特例**」を使うといい。

日本の税法では本来、接待交際費というのは会社の経費にはできない。しかし特例として、1人当たり5000円以下の飲食費については全部が会社の経費にできるようになっているのだ。

つまり、

「社外の人と飲む」

「飲食費を1人当たり5000円以下にする」

この2つの条件をクリアすれば、会社の経費で飲食費を出すことができるのだ。

この「5000円以下の特例」は、中小企業の接待交際費枠800万円とは、別のものである。だから、交際費枠は交際費枠で別に使えるのである。

ただしこの特例を使うには、次の内容を記載した書類を保存しておかなければならない。

①その飲食などのあった年月日
②その飲食などに参加した得意先、仕入れ先、その他事業に関係のある者などの氏名又は名称及びその関係
③その飲食に参加した者の数
④その費用の金額並びにその飲食店、料理店などの名称及びその所在地
⑤その他参考になり得る事項

若干、面倒くさいが、飲み代を会社が出せるようになるのだから、これくらいの手間はクリアしたい。

この特例では、社内の人間同士での飲み会は対象外となる。だから、社内の人間で飲む場合は、前記の会議費などを使い、社外の人が参加する飲み会は、この特例を利用するべきだろう。

1人あたり5000円というのは、消費税抜きの金額である。また1人1人が5000円以内に収める必要はなく、1人の平均単価が5000円以内に収まればOKということである。なので、1人5000円以上かかりそうな場合は、あまり飲み食いしない人を何人か連れていけば、解決できる。

ただし1人あたり5000円を1円でも超えれば、全額が経費として認められなくなるので、注意を要する。たとえば1人あたり5500円だった場合、5000円分は会社の経費で落とし、残り500円ずつを自腹で切るなどということは不可である。

会社の金で旅行をする方法

うまく「公私混同」をすれば、会社の金で旅行をすることもできる。

その方法はいくつかあるが、もっとも使いやすいのは「**視察旅行**」だといえる。

視察旅行というのは、会社の業務のための視察を行なう旅行のことである。この視察旅行は、要は会社の業務に少しでも参考になっていればいいのであり、かなり範囲は広くなる。

たとえば先進地域でのマーケティング調査をしたいということにすれば欧米などに行く

ことができるし、アジアの市場を開拓したいということにすれば中国、韓国、東南アジアなどに行くことができる。

ただし、この視察旅行はあくまで仕事の中で行くのだから、それなりの体裁は整えておかなければならない。旅行の日程のほとんどが観光ではまずいし、半分以上は何らかの視察が入っていなければならない。業務レポート的なものもつくっておくべきだろう。

しかしそれさえクリアしていれば、税務署がこれを否認するのは非常に難しいのである。

たとえば、私の国税調査官時代の税務調査でこういう会社があった。

その会社は建築設計をしていて、社員は社長1人と経理1人だけだった。経理も奥さんがしていたので、典型的な家族会社といえる。

この会社、旅費を200万円も使って、夫婦でヨーロッパに2週間も旅行していた。この旅行、実際のところは観光旅行のように見えた。社長夫婦は子供もまだおらず、新婚旅行気分で、2週間も休みをとって旅行をしているわけである。

私は、「この旅行は観光旅行だ」として否認するために、必死に材料を探していた。

しかし、社長夫婦は完璧な「アリバイ」をつくっていたのだ。この旅行、「ヨーロッパ建築の視察」という大義名分があった。

私が「視察旅行ならば、資料を収集しているはずでしょう？　それを見せてください」

と言うと、英語やフランス語が入り混じった膨大な書類をドスンと机に置いた。また視察のスケジュールがしっかり組み込まれている日程表も見せられ、その証拠となる写真も提出してきた。

そうなると、これを否認することは難しいのである。もちろん、私はこの旅行費用を否認することは諦めた。

このやり方は、どんな業種にも使える。視察する材料なんて世界中にいくらでも転がっているからである。

本、雑誌も会社の経費で落とす

会社の経費で落とせるものに**書籍、雑誌**もある。

書籍や雑誌は、費用として認められる範囲が広いのである。

先ほど紹介したが、会社の損金に計上できるかどうかは事業に関連しているかどうかである。また直接関係していなくても、間接的にでも関係していれば大丈夫なのである。ほんの少しでも仕事に関係のある書籍ならば経費として認められるのだ。

だから書籍、雑誌などは、かなり広い範囲で経費として認められる。

書籍や雑誌には、どんな役に立つ情報が載っているかわからないので、どんな本でも「情報収集」になり得るからだ。ビジネスマンにとっては週刊誌などでも、重要な情報源であり、当然、費用として認められる。

業界や世間の動向をつかむためや、一般知識を得るなどの研鑽のために買った本や雑誌も、もちろんOKである。

書籍や雑誌は1冊1冊は少額でも、月や年に換算すればけっこう大きな金額になっているものだ。特に経営者には読書家が多い。その読書費用を会社の金で落とせば、かなりの節税になるはずだ。

もちろん、買った書籍の領収書は会社に保管しておかなければならない。

またいくら経費として認められる範囲が広いといって、あまり調子に乗ってはならない。以前、政治家の事務所でエロ本を事務所経費で落としていたのが発見されたが、**エロ本はさすがに会社の損金で落とすのはまずい**（ただし、これも合理的な理由があれば、損金計上可能）。

自宅のパソコンを会社の金で買う

「公私混同」の一つとして、**自宅用のパソコンを会社の金で買う**こともできる。

今どき、どんな会社にもパソコンの1台くらいはあるはずだ。備え付けのパソコンは、当然、会社の経費で落とすことができる。

が、経費で落とせるパソコンは、何も会社に備え付けてあるものだけではないのである。自宅で使っているパソコンも、一定の要件を満たしていれば会社の経費で落とすことができるのだ。

一定の要件とは、何度か触れたように、「**事業に関係することに使っていること**」である。といっても、そう難しく考える必要はない。仕事の情報収集でパソコン、インターネットは欠かせないものである。自宅のパソコンで、仕事に関することをしたことがある人はたくさんいるはずだ。特に中小企業の経営者などは、仕事もプライベートもごちゃまぜの生活をしているので、そういうことは日常茶飯事だろう。

なので、中小企業の経営者などは自分のパソコンは自宅用であっても、会社の経費で落とせるのである。

また会社から支給されたパソコンを、家に持ち帰ったことがあるサラリーマンなどは、腐るほどいるわけだ。だから、別に自宅に置いてあるパソコンを会社の金で買っても、問題はないわけである。

もちろん、完全なプライベートのパソコンを会社の経費で落とすことはできない。が、普通に仕事にも使っているものならば、まったく問題はない。

最近では10万円以内で買えるパソコンも多いので、その場合は固定資産に計上する必要もない。また現在は中小企業の特例で30万円未満の固定資産は、一括償却できることになっている（平成28年3月まで）。30万円出せば、最新式のものが買えるはずだ。ただパソコンはあくまで会社の備品ということになっているので、いつでも会社に持ってこれる状態にしておいたほうがいい。

税務調査などで、帳簿にパソコンが載っているのを見た調査官が、「この経費に計上しているパソコンはどこにありますか？」と聞いてくる恐れがあるからだ。その場合は、「家で仕事に使っています」と答えれば問題ないが、見せてほしいと言われたときのために、一応、いつでも持ってくる準備はしておくべきだろう。

第３章

サラリーマンでも節税できる！

ふるさと納税をやってみよう

サラリーマンが節税をする場合、もっとも手っ取り早いものの一つは「ふるさと納税制度」を使うことである。

最近よくテレビなどでも取り上げられるので、ご存知の方も多いだろう。

この制度は簡単に言えば、自分が好きな自治体に寄付をすれば、その分、所得税、住民税が安くなるという制度である。しかも寄付した自治体から、謝礼として特産品などが送られてくるために、差し引きするとかなりの「儲け」になる。

具体的に言えば、自治体に寄付をすれば、所得税、住民税などが寄付金からマイナス2000円した額が還ってくるという制度である。たとえば3万円寄付した場合、そのマイナス2000円である2万8000円が還ってくるのだ。つまり自分が負担する寄付金というのは、実質2000円ということである。

そして自治体によっては、「1万円寄付すれば5000円相当の特産品をプレゼント」という制度をつくっているところもある。なので、3万円を寄付した場合、1万5000円相当の特産品がもらえることもある。実質2000円の負担で1万5000円相当の特産品がもらえるのだから、こんなに得になることはないはずだ。

が、この制度、非常に有利になるにもかかわらず、サラリーマンの方でこれを利用しているのはごく一部なのである。

もし当人が忙しいのならば、奥さんがやってもいい。

ぜひぜひ利用して欲しい。

ふるさと納税が、なぜこれほど節税になるのか？

それは、ふるさと納税が国の想定外の方向に行ってしまったからである。

国のつくった節税策というのは、あまり役に立たない場合が多い。節税にはなるのだけれど、手間の割には見返りが少ないものがほとんどである。しかし、ふるさと納税の場合は、国がつくったときの**思惑とはまったく違ったモノになっていった**ので、節税効果が非常に高くなっているのだ。

逆に言えば、現在のふるさと納税制度は国の想定を超えたものになっているので、いつ規制が入るかわからない。たとえば国が指導して、自治体の豪華な御礼品に制限が設けられるかもしれないのである。

もちろん、もしそういうことが起きそうになったら、世論はしっかり反発して欲しい。

ふるさと納税の注意点

いいことずくめのふるさと納税制度だが、注意点もある。

ふるさと納税をして税金還付になる金額には、上限があるということである。

そして、この上限は人によって変わってくる。そこがちょっとややこしいのである。

税金還付になる金額の上限は、具体的にいえば住民税・所得割分の1割である。住民税・所得割分の1割以上の寄付をした場合、それは還付されないのである。つまり、「本当の寄付金」になってしまうのだ。

では住民税・所得割分の1割とは、だいたいどのくらいの数字になるか説明したい。

住民税・所得割というのは、課税所得に対して10％課せられる。課税所得が500万円の人は、50万円の住民税・所得割を払っていることになる。だから住民税・所得割を50万円払っている人は、その1割の5万円が還付金の限度ということになる。

普通のサラリーマン（年収400万円程度）の場合は、住民税・所得割は20万円前後である。だから、2万円くらいまで寄付できるということなのだ。

自治体としても、あまり多くのふるさと納税をされてしまうと、人気のある自治体にばかり税収が集まるので、困ってしまう。だから、「ふるさと納税として認めるのは、住民税・所得割の1割だけだ」ということなのだろう。

ほとんどのサラリーマンは医療費控除をすれば税金還付になる

サラリーマンには節税策はたくさんあるのだが、確定申告などに慣れていないせいもあり、なかなか節税しようという気にはなれないのだろう。

そういうサラリーマンに、取っ掛かりとして利用してもらいたいのが、「**医療費控除**」である。

医療費控除というのは年間10万円以上(もしくは所得の5%以上)の医療費を支払っていれば、若干の税金が戻ってくる制度である。

「年間の医療費は10万円もしないよ」

と思った方も多いだろう。

しかし、である。実は、この医療費控除に含めることができる医療費は非常に範囲が広いのだ。

医療費控除の対象となる主な医療費は次の通りである。

①病気やけがで病院に支払った診療代や歯の治療代
②治療薬（市販薬、医薬品の栄養ドリンク等を含む）の購入費
③入院や通院のための交通費
④按摩・マッサージ・指圧師、はり師などによる施術費
⑤保健師や看護師、特に依頼した人へ支払う療養の世話の費用
⑥助産婦による分べんの介助料
⑦介護保険制度を利用し、指定介護老人福祉施設においてサービスを受けたことにより支払った金額のうちの2分の1相当額や一定の在宅サービスを受けたことによる自己負担額に相当する金額
⑧禁煙治療、ＥＤ治療、一定の条件をクリアした温泉療養、スポーツジムの会費など

（注）この他にも医療用器具の購入費、義手や義足等の購入費用も対象となる。

以上のように、病院での治療費、入院費のみならず、通院での交通費、薬屋さんで買った市販薬、場合によっては、ビタミン剤、栄養ドリンク、按摩、マッサージなども含まれるのだ。また昨今、はやりの禁煙治療、ＥＤ治療などの費用も医療費控除の対象になるのである。

これらを全部合わせれば、たいがいの家庭では年間10万円くらいは超えるのだ。だから、ほとんどのサラリーマンに、医療費控除が可能といえるのだ。

医療費控除の計算は以下の通りである。

その年に支払った医療費（保険金等で戻った金額を除く）―10万円（注）
＝医療費控除額（最高200万円）

（注）10万円または所得金額の5％いずれか少ない金額となる。

たとえば、年収600万円くらいの人で、年間の医療費が30万円かかったとする。

この人の医療費控除の額は、医療費30万円－10万円の残額20万円が医療費控除額となる。

この20万円を課税対象となる所得から差し引くことができるのだ。そして、所得が差し引かれたこの20万円に税率を掛けた金額が還付される。この人の場合だと、所得税、住民税合わせてだいたい3万～4万円が還付される。

年間30万円くらいの医療費なら、普通の家庭で普通に使っている額である。それを申告すれば3万～4万円が戻ってくるのだ。

まだ一度も確定申告をしたことがないようなサラリーマンは、**ぜひ医療費控除で確定申**

告デビューをしてもらいたい。そうすれば、確定申告が意外に簡単だということがわかり、他の控除なども使えるようになるはずだからだ。

医療費控除の申告は、非常に簡単である。医療費の領収書さえ残しておけば、誰でも医療費控除の申告をすることができる。

やろうと思えば、今日からでもできるのだ。

市販薬、ビタミン剤、栄養ドリンクも医療費控除の対象になる

病院に行かない人でも、市販薬などはけっこう購入しているものである。風邪薬、目薬、湿布など、健康な人でも何かしら購入している。

市販薬やビタミン剤、栄養ドリンクなどを医療費控除に入れるための条件とは、簡単に言えば「治療に関するものかどうか」ということである。

けがや病気をしたり、体の具合が悪かったりして、それを「治す」ために買ったものであれば、医療費控除の対象となるのである。これは医者の処方せんのない市販薬でもＯＫである。

ただビタミン剤や栄養ドリンクの場合は、医薬品でなければならない。医薬品でなけれ

ば、「治療のため」とは言えない。ビタミン剤や栄養ドリンクには多々あり、医薬品になっていないものは対象とはならないのだ。ビタミン剤や栄養ドリンクを買う際には、医薬品かどうかをチェックしておくといいだろう。

一方、「治療に関するものでない薬」とは、予防のためや置き薬のために買ったものである。つまり具体的な病気、けがの症状があって、それを治すために買ったものであればOK、そうじゃない場合はダメということだ。

ただ予防か治療かは、曖昧《あいまい》な部分でもある。

そういう場合は、どうすればいいか?

自分で判断すればいいのである。

自分が「治療だと思えば治療」になるし、「予防だと思えば予防」ということになる。

日本の税制では、「申告納税制度」というシステムを採用している。これは、税金は納税者が自分で申告し、自分で納める制度である。

この申告納税制度のもとでは、納税者が申告した内容については、明らかな間違いがなければ、申告をそのまま認めることになっている。

だから医療費控除の場合も、本人が治療のためと思って購入した市販薬については、税務当局が「それは治療ではなく予防のためのものだ」と証明できない限りは、治療のために購入したとして認められるのだ。

もちろん、明らかに予防のために購入したことが客観的にわかるものを「これは治療のために買った」と言い張っても、それは税務署から否認されることになる。

按摩、マッサージ、鍼灸、温泉療養、スポーツジムも医療費控除の対象になる！

按摩、マッサージ、鍼灸などの代金も、一定の条件を満たせば、医療費控除の対象になる。一定の条件とは、先ほども紹介した「治療のためのものである」ということだ。

栄養ドリンクなどと同じように、「体がどこも悪くないけれど、とりあえずマッサージしてもらおう」といった場合はダメである。どこか具合が悪いところがあって、それを改善するために施術を受けるというのが原則である。

そして按摩やマッサージの場合、公的な資格などを持つ整体師、鍼灸師などの施術であることも必要となる。どこの店でもいいわけではなく、ちゃんと公的な資格をもった整体師、鍼灸師などの施術でなければならないのだ。

また一定の条件を満たせば、温泉療養やスポーツジムの会費も医療費控除の対象となる。

しかも温泉療養の場合、温泉施設の利用料だけではなく、温泉までの旅費や旅館の宿泊費なども、医療費控除の対象となる（必要最低限の費用のみであり、旅館での飲食費や、鉄道のグリーン料金などは認められない）。

温泉療養を医療費控除に入れる一定の条件とは次の二つである。

・医者が温泉療養やスポーツトレーニングを病気等の治療になると認めた場合（医者の証明書が必要）

・厚生労働省で認められた温泉療養施設、スポーツ施設を利用した場合

つまり温泉療養を治療と認めてもらうには、医者から証明書を出してもらわなければならない。しかし、これは医者に頼めば比較的簡単に出してくれる。また厚生労働省が認めた温泉療養施設は、全国に20カ所ある（平成26年現在）。

詳しくは温泉利用型健康増進施設連絡会のホームページを。

温泉利用型健康増進施設連絡会

http://www.onsen-nintei.jp/

一方、スポーツジムの会費を医療費控除に含めるための一定の条件とは次の通りである。

・高血圧症、高脂血症、糖尿病、虚血性心疾患などの疾病で、医師の運動処方せんに基づいて行なわれるものであること
・概ね週1回以上の頻度で、8週間以上の期間にわたって行なわれるものであること
・運動療法を行なうに適した施設として厚生省の指定を受けた施設（「指定運動療法施設」）で行なわれるものであること

対象となる指定運動療法施設は、全国で187カ所ある。詳しくは、日本健康スポーツ連盟のホームページにある。

日本健康スポーツ連盟
http://www.kenspo.or.jp/

ED治療、禁煙治療も医療費控除の対象になる

最近では、病院でEDの治療をする人も増えている。

このED治療に関してかかった費用は、医療費控除の対象となる。

EDは医療関係的には病気として扱われ、治療の対象となっているので、医療費控除の

対象になるのだ。これは東京国税局の相談室に確認済みである。

このことは、**実はまだほとんど広報されていない。**ＥＤ治療を受けている人はかなりいるはずなのに、これが医療費控除の対象になるという情報は、筆者が書いた数冊の本以外では、ほとんど出回っていないのである。税務署は税金を取ることに関しては1円の漏れも許さないが、税金が安くなることに関してはまったく積極的に行なわないのだ。節税に関する情報は、**「聞かないと教えてくれない」**のである。

また禁煙治療の治療費も医療費控除の対象となる。

最近では社会的に禁煙が要請されるようになり、禁煙にチャレンジしている人が急速に増加している。しかし禁煙はなかなか難しいものがあり、酒はやめてもタバコはやめられないという人もけっこう多い。

そのため病院で禁煙治療をする人も増えており、治療費は数万円から数十万円かかるケースもある。あまり知られていないが、この禁煙治療にかかった費用も医療費控除の対象になるのだ。これも東京国税局相談室に確認済みである。

このことも今までの確定申告のマニュアル本などには書かれていないが、対象となる人はぜひ活用したい。

ＥＤ治療、禁煙治療とくると、次に男性にとって気になる病気となると薄毛（ＡＧＡ）

だろう。この薄毛も、最近では病院で治療が行なわれている。病院で「治療」されているのだから、これも医療費控除に含まれてもよさそうなものである。が、東京国税局相談室に聞いたところ、「現在検討中」とのことである。「いつ結果が発表されるのか」などは一切わからない。**国税局は節税に関しては、本当に投げやりで無責任なところ**なのだ。

サラリーマンは大家になると節税できる！

サラリーマンが節税する方法の一つとして「大家になる」というやり方がある。つまり不動産を所有して、それを人に貸すのである。

なぜ大家になると税金が安くなるのか、そのカラクリを説明しよう。

簡単に言えば、不動産業で赤字が出れば、その分を給料所得から差し引くことができるので、給料の税金が安くなるということである。

個人の所得にかかる税金（所得税、住民税）は、いくつかの所得を組み合わせて税金の申告をするようになっている。

そしてサラリーマンがアパート賃貸などの不動産業をしている場合、サラリーマンでの給与所得と、アパート賃貸での不動産所得は合算して、その総額に対して税金がかかるようになる。

そのためもし不動産所得が赤字だった場合、その赤字分は給与所得から差し引かれることになるのだ。

たとえば給与所得が500万円あって、不動産所得の赤字が300万円の人がいるとする。この人の税金は500万円－300万円で差し引き200万円に対してのみ税金がかかることになる。

会社の経理では500万円の所得として税金が計算され、源泉徴収されているので、当然、払いすぎていることになる。なので、この人は確定申告をすれば、源泉徴収された税金がかなり戻ってくる。

この方法で、給与所得の税金を還付してもらっている人は**けっこういる**のだ。

不動産で赤字が出るカラクリ

「不動産業で赤字を出して、税金を安くする」

ということにピンと来ない人も多いだろう。

赤字になっているということは損をしているということであり、税金が安くなっても本末転倒ではないかということである。

確かに不動産業で大きな赤字を出してしまえば、給料の税金が安くなったところで、収入自体が大きく減るので損である。

しかし不動産業には不思議なカラクリがあり、実際には損はしていないのだけれど、「赤字にする」ことができるのだ。

「減価償却」という言葉を聞いたことがないだろうか？

若干、とっつきにくい会計用語だが、基本的な仕組みは非常に簡単である。

減価償却とは1年以上使えるもので高額なもの（10万円以上）を事業のために購入した場合、その耐用年数に応じて購入費用を各年に案分して費用化するという制度だ。

たとえば耐用年数10年で１００万円するものを買った場合、最初の1年間に全部費用として計上するのではなく、毎年10万円ずつ10年間にわたって費用化していく。減価償却の方法にはいくつかあるので、実際の計算はこれほど単純ではないが、理屈から言えばこういうことである。

不動産事業を行なうために、マンションやアパートを購入した場合、それも当然、減価償却をすることになる。

たとえば木造モルタル建てのアパート（４部屋）を３０００万円で30年のローンを組ん

で建てた人がいるとする（説明の便宜上、土地は最初から持っていたことにする）。

家賃収入はひと部屋あたり月5万円、年間60万円。4部屋とも1年間埋まっていたら240万円の収入になる。部屋は年間8割程度埋まっていたとして、年間収入が192万円ということになる。

この建物の資産価値は3000万円である。木造モルタルの建物は耐用年数が20年なので、1年間に5％ずつ減価償却していくことになる。ということは、3000万円×5％で、150万円である。

つまり、この150万円を毎年、減価償却費として計上できるのだ。

さらに、この人はローンを組んでアパートを建てているので、その支払利子も経費として計上できる。

利率が2・5％として、3000万円×2・5％で75万円。この75万円が支払利子として計上できる。

減価償却費150万円に、支払利子75万円を足せば225万円である。この時点ですでに家賃の年間収入192万円を大きく超えている。

これに不動産屋への支払い、建物の修繕費やさまざまな雑費などの経費が全部で50万円あったとする。経費は全部で275万円となり、80万円以上の赤字になるのだ。

しかし、実際には出ていくお金よりも入ってくるお金のほうが多く、損はしていないのである。

サラリーマンの社内独立化

サラリーマンのダイナミックな節税方法として、社内で独立して会社をつくるという方法もある。

これは、サラリーマンが自分の会社をつくって経営者となり、今の会社と業務契約を結んで仕事を請け負うというものである。外資系企業などでは、実際に一部で行なわれていることだ。

これをやれば、かなり大掛かりな節税をすることができる。

サラリーマンから事業者となるのだから、事業者としてさまざまな経費を積み立てて、税金や社会保険料を安くできるわけだ。サラリーマンならば、会社が税金を源泉徴収してしまうので、自分の努力で税金を下げることはできにくい。

しかし事業者の場合はさまざまな経費を積み上げることで、収入を低く抑え、税金を安くできるのだ。つまり、個人事業者や会社経営者としての税制メリットをサラリーマンにも導入しようというわけである。

事業者になればさまざまな経費が計上できる

事業者になれば、さまざまな経費が計上できるので税金は格段に安くなる。

たとえば、**家賃**。

普通のサラリーマンならば、家賃は自分の給料から払わなければならない。当然、経費にはできない。

しかし、経営者ならば、家賃も経費で落とすことができるのだ。

自宅を会社の事務所ということにすればいいのである。実際に、会社の業務を自宅でやっていれば、経費で落としてもまったくおかしくないのである。電気代、水道光熱費なども同様である。

経費を計上できるのは、これだけではない。

たとえばパソコンを使って仕事をするような人は、パソコンの購入費やインターネット料金も、経費に計上することができる。

テレビやDVDで情報を収集するような場合は、その購入費も経費に計上できる（ただし1台あたり10万円以上のものは、固定資産に計上し、耐用年数に応じて減価償却しなければならない。現在は青色申告者に関しては特例で10万円ではなく、30万円まで一括で経費算入することができるが、本来は10万円以上の資産を購入した場合は固定資産に計上しなければならない)。

また書籍などの資料を購入した場合も、もちろん経費に計上することができる。情報収集のために雑誌を買った場合も同様である。

さらに仕事に関係する人と飲食などをした場合は、接待交際費を使うこともできる。あれやこれやの経費を積み上げれば、あっという間に数百万円くらいの経費は計上できるのである。

また会社組織にすれば、妻などの親族に給料を払って、自分の報酬を分散し、さらに税金を安くすることができる。

売上1000万円くらいならば、あっという間に差し引きゼロにできてしまうのである。

接待交際費を使いまくれ!

社内独立をして会社をつくった場合には、もっと詳しい会社経理の本などで勉強されると思うが、ここでは代表的な経費計上方法のさわりだけを紹介しておきたい。

中小企業が経費計上をする場合、もっとも使いやすく、たくさん積み上げることができるのは、**接待交際費**だといえる。

接待交際費は、かつては費用の10％を利益に加算しなければならないなどの制約があった。

しかし資本金1億円以下の中小企業であれば（大企業の子会社を除く）、平成25年の改正で、年800万円までは交際費を全額経費に計上できることになった。

年800万円というのは、相当な額である。

普通の人の接待交際費としては、十分な額といえる。

また接待交際費には5000円以下の特例というものが存在する。

これは、特例で1人あたり5000円以下の飲食費は、交際費に含めずに全額経費に計上できるようになっているのだ。だから、飲み会を1人当たり5000円以下にすれば、交際費800万円の枠を使うことなく、経費に計上できるのだ。

しかも、これは平均して「1人あたり5000円以内」であればよく、1人1人の限度額が5000円というわけではない。

ただし、第2章でも紹介したように、この5000円以下の特例を使うためには、接待した場所、金額、日時、参加者等を記録に残しておかなければならない。

接待交際費は、取引先を接待したときだけしか計上できないというイメージがあるが、決してそうではない。

少しでも仕事に関係する人を接待した場合は、接待交際費に計上できるのだ。仕事に関係する人は、別に取引先だけではない。ちょっとでも仕事の情報をもらえそうな人ならば接待交際費の対象となるのだ。

福利厚生費を使えば大幅節税

会社の経費を積み上げるには、福利厚生費という方法もある。

福利厚生費とは、企業が従業員の福利厚生のために使う費用のことである。従業員の健康や娯楽などに使えるお金である。

もし自分が会社をつくれば、この福利厚生費も使うことができるようになるのだ。

たとえば、**スポーツジムの会費**。

昨今のメタボリック蔓延社会の中、スポーツジムに通って健康を維持しようという方も多いはずだ。その費用は、会社の経費から出すことができるのだ。

また**観劇やスポーツ観戦**。

年に何回か、サッカーや野球、コンサートに行く人もいると思われる。そういう費用も会社から出せるようになるわけだ。

社長1人しかいない会社であっても、福利厚生費は計上することができる。

従業員が何人であろうと、社長1人しかいない会社であろうと、会社という形態である限り、従業員（社長も含む）の福利厚生のために使われる費用は、会社の経費として計上できるのだ。

就業規則などで福利厚生に関することをきちんと記しておいて、その通りのことを行なっていれば、税務署からとやかく言われることもない。

ただ福利厚生費を計上するためには、若干の注意事項がある。

税法では、何が福利厚生費で、何が福利厚生費でないかという明確な線引きはない。社会通念上に照らし合わせて妥当なものということになっているのだ。

では、どんなものが社会通念上、福利厚生費として認められているかというと、スポーツジムなどは、十分いける。

サッカーなどのスポーツ観戦、コンサートなどの観劇費用もＯＫである。ただ、回数はちょっと考えなければならない。毎週行くというような場合は、社会通念上、ちょっと難しいかもしれない。年に数回程度ならばいいだろう。

また福利厚生費は、社員皆が平等に恩恵を蒙《こうむ》ることになっていなければならない。社長だけがスポーツジムの会員になって、他の社員はまったく除外されているような場合は、福利厚生費としては認められず、社長の報酬にされてしまう。

つまり福利厚生費は、原則、誰でもが享受できるようになっていなければならないのだ。もちろん希望しない人に、無理やりスポーツジムに通わせる必要はない。「希望すれば、誰でも可能」ということになっていればいいのだ。

社長1人の会社の場合、他の社員のことは考えなくてもいいが、一応、建前として、もし社員が入ってきたときには、自分と同じような福利厚生を受けられるようにしなければならない。

家賃を会社から払わせる

先ほど、自宅を事務所にしている人は、家賃を会社の経費で落とせると述べたが、自宅を事務所にしていなくても、自宅の家賃を会社の経費で落とす方法もある。

賃貸住宅に住んでいる人は、その賃貸住宅を会社の借り上げということにして、会社の経費から家賃を払うことができるのだ。

これは、「社宅」と同じ理屈である。

社宅とは、会社が社員のために建てた住宅のことである。

そして社宅は、市場よりもかなり低い値段で、借りることができる。それはなんらかの形で、家賃分を会社が負担しているからなのだ。つまりは、家賃の大部分を会社の経費で落としているということである。

その社宅のメリットを、賃貸住宅を会社の借り上げにすることで使おうというわけだ。

なぜ会社が賃貸住宅を借り上げたら節税になるのかというと、会社の負担した家賃については、経費で落とすことができる。そして社員（役員）が一定以上の家賃を払っていれば、給料としての扱いをしなくていいのだ（詳細は第4章参照）。

このように会社をつくれば、衣食住費、娯楽費を会社の経費で落とすことができ、大きな節税効果を生むのである。

サラリーマンが社内独立できる条件

サラリーマンの社内独立は、誰でもすぐにできるわけではない。

サラリーマンが独立して、会社の仕事を請け負うことは、会社との関係は雇用契約ではなく、業務契約となるわけである。

雇用契約と業務契約というのは同じではない。両者には条件の違いがあるので、サラリーマンの仕事をそのまま業務契約にすることはできないのだ。

一定の条件を満たしている場合にのみ、業務契約にできる。

その条件は簡単に言えば、「一つの業務、プロジェクトなどを丸々任せられる」ことである。

上司からいちいち指示を受け、逐一報告しなければならないような人は、「業務契約」という形は成り立たない。上司の指示を受けるならば、税法上の経費として人件費という扱いになり、業務委託費にはできない。

だから、逆に言えば、一つの業務を全部責任を持って遂行できる人ならば、いつでも独立できるのである。

また独立して会社をつくるとなると、それなりに経費も必要となる。

まず設立登記をするのに数十万円かかる。会社の経理では本格的な決算書などをつくらなければならないので、税理士に依頼したりすることになるかもしれない。それはもちろん無料ではない。

さらに社会保険料は、普通のサラリーマンと比べるとかなり高くなる。

というのも社会保険料は、会社と社員が折半で払う建前になっているので、経営者の場合は、会社の支払う分も、自分の負担分も、結局は自分が支払うのだから、2倍払わなければならないことになる。

だから会社の経費をたくさん積み上げて、自分の報酬をかなり低く抑え込まなければ、メリットはないのである。

会社の経費をたくさん積み上げるためには、手間もかかるし知識も必要である。経費に関していろいろ研究しなければならない。そういう作業ができる人でないと、この節税方法は難しいということである。

以上のことをまとめると、独立して業務提携できるサラリーマンは、

「上司の指示を受けずに一つの業務を引き受けることができる人」

「細かい経理の作業も厭《いと》わない人」

ということになる。

今の会社から子会社をつくって社長になろう

サラリーマンが独立して会社と業務契約をする場合、もっとも懸念されることは、「社員としての身分保障がなくなる」ことである。

「サラリーマンの独立」を推奨する経済評論家などはけっこういるが、この論がいま一つ盛り上がらないのは、こうした懸念があるからだ。

なんやかんや言っても、正社員は労働法できっちり身分が保障されている。正社員でなくなれば、会社は非常に簡単に業務関係を切ることができるようになる。

昨今の経済状況では、これは大きな懸念材料と言える。

しかし、この懸念を解消する方法もいくつかある。

まず一つは独立するときに、その時点で勤めている**会社の子会社の社長という形態**をとってもらうことである。

そして労働協約も本社と同じ条件にしてもらうのだ。そうすれば、普通に子会社へ転籍したのと同じことになり、社員としての身分も守られる。

だから可能ならば、今の会社の子会社をつくるという形で、独立させてもらうことだ。

そうすれば、「会社から切られる」という不安もなくなる。

子会社にすることの他にも、身分を保障する方法はある。

会社に長期業務契約を結んでもらうことだ。

長期間、一定以上の取引を行なうように契約を結んでおくのだ。そうすれば、会社のほうも簡単に切ることはできない。

ただやはり会社にとってあまり必要でない人材が独立することは、けっこう難しいものがある。

子会社にしたり長期契約を結んだりしても、不要な人材ならば、適当にあしらって契約を切ることはできるのである。

それは正社員であっても同じことだが、正社員の方が法的に守られている部分が強い。だから、その点はしっかり分析して、自分が会社にとって有用な人物かどうかを判断しておかなければならない。

独立に際しては、自分にしかできない業務、技術を持っている人が強いといえる。

人づきあいが悪くて出世が遅れていても、その人にしかできない技術があって、それが会社にとって必要不可欠ならば、その人に頼まざるを得ない。だから、そういう人は独立しやすい。

逆に総務部系の人はどんなに優秀であっても、あまり独立には向かない。そういう人は会社の中にいてこそ力を発揮できるからである。

いざとなったら海外脱出

日本で本当に税金を払いたくない場合、「**海外逃亡**」という方法もある。

これならば日本の税金はほとんど払わなくてよくなり、渡航先によっては税金がほとんどかからないところもあるので、「無税」も夢ではないのだ。

現在、世界には「タックスヘイブン」という地域がある。

これは直訳すると税金天国ではなく、租税回避地ということになる。簡単に言えば税金が驚くほど安いところなのである。

そのタックスヘイブンに住めば、住民税や所得税が日本よりもはるかに格安で済む。

日本の税金がかかるのは、日本からの所得がある人だけ。それも制限的にしかかからないのである。

タックスヘイブンには外国人のための住民サービスも整っているところが多く、外人さん大歓迎の地域なのである。

タックスヘイブンとしてはカリブ海のケイマン諸島などが有名だが、日本の近場にもある。香港やシンガポールもタックスヘイブンと言えるのだ。

なので昨今、金持ちたちはこぞって、海外に住居を移したり、企業の本拠を移したりしている。

かの村上ファンドの村上世彰氏がシンガポールに拠点を移したのは、記憶に新しいところである。

サラリーマンの場合、そう簡単には海外居住などはできないだろう。しかし定年退職になれば、外国に住む手もある。

定年後では所得税もかからないし、タックスヘイブンに行く必要はないと思われるかもしれないが、タックスヘイブンは所得税だけではなく、住民税や社会保険料も安いところが多い。もちろん物価も日本よりはずっと安い。

定年退職1年目は、住民税がけっこう大きい。住民税は前年の所得に応じてかかってくるからだ。

だから、定年退職1年目に海外移住する手もある。

非居住者（外国に住んでいる人）は国外から得られる利子や配当所得などにも税金はか

からないので、退職金をタックスヘイブンの銀行に預けるなどすれば、悠々自適の生活が送れるかもしれない。

相続税増税のトリック

2015年から相続税も増税されることになっている。

これまで富裕層がまともに税金を払っていないから、日本は破綻寸前になっているということを述べてきた。だから、富裕層にかかる税金である相続税が増税されることは、一応、喜ばしいことではある。

しかし、この相続税の増税は富裕層というより中間層に対して行われるものであり、本当の富裕層にはほとんど影響していないのである。

今回の相続税増税の要点は次の通りである。

1　基礎控除が大幅に下げられたこと

2　最高税率が5%引き上げられたこと

基礎控除とは、「遺産がこれ以下ならば相続税はかかってきませんよ」という遺産額のラインである。この基礎控除はこれまで５０００万円＋法定相続人１人あたり１０００万円だったが、２０１５年からは３０００万円＋相続人１人あたり６００万円になるのだ。

基礎控除が大幅に下げられたのは、相続税の対象となる人が増えたということである。都心部では死亡する人のうち４人に１人は、相続税の対象となる遺産を残すことになると試算されている。

つまり富裕層の負担を大きくするのではなく、より多くの人に負担してもらうことが今回の相続税増税の意図なのである。

一応、相続税の最高税率が５％引き上げられてはいる。しかし富裕層の相続税はこの20年の間、20％以上も引き下げられてきた。相続税の最高税率は１９８８年までは75％だったのが、２００３年では50％にまで下げられているのだ。だから今回５％引き上げられたところで、まだまだ全然、増税額は足りない。

最高税率は６億円を超える遺産をもらった人にしかかかってこないものである。また遺産が６億円を超える人でも控除額などがたくさんあるので、実質的にはそう大した増額ではない。

相続税は、これまで「高すぎる」として引き下げられてきた。

しかし、ここには数字のトリックがあるのだ。

相続税55%というと、相続財産の55%が税金で取られるような印象を与える。だから、高すぎるのではないか、という声も上がってくる。

しかし相続税とは、遺産にそのまま税率がかかるようなものではない。

相続税はかなり大きな財産をもらわないと、かかってこない税金である。

現在（平成27年度以降）、基礎控除が３０００万円あり、それに遺族１人当たり６００万円の控除がある。簡単に言えば、最低でも３６００万円以上の遺産相続がなければ課税されないのだ。

また相続税は遺産の額によって段階的に税率が引き上げられることになっており、最初は10%からである。だから今の税法では５０００万円程度の遺産相続をしても、10~15%しか税金はかかってこないのだ。

筆者は、今回の相続税改正で相続税の課税対象になったような人、つまり**中間層に毛が生えた程度の人たちは、相続税を払う必要はない**と考えている。税金を負担すべきは、日本の財産の多くを握っている富裕層だと考えているからだ。将来の準備金を少し貯めている程度の中間層の負担を増やせば景気が悪くなるばかりである。

なぜ余剰資産をしっかり持っている富裕層をきっちりターゲットにして増税ができない

のか、筆者は不思議でならない。

さて、国に文句を言っているばかりでは自分たちの利益は守れないので、中間層の人たちが相続税を払わずに済む方法をここでいくつかご紹介したいと思う。

遺産はとりあえず配偶者に

相続税を免れる方法で、もっとも手っ取り早いのは、**遺産は配偶者（妻か夫）がもらう**というものである。

遺産を相続する人が遺産を残して死亡した人の妻もしくは夫であれば、1億6000万円までは相続税はかからないのだ。

つまり夫が死亡した場合、妻は1億6000万円以内の遺産ならば、まったく相続税を払わずに相続できるのだ。妻が死亡して夫が相続した場合も同様である。だからこの方法を使えば、中間層の相続税課税はほとんど逃れられるのだ。もちろん配偶者がもう亡くなってしまっている場合は、この手は使えないが。

ただしこの控除を使えるのは、妻もしくは夫が相続した分についてだけだ。

たとえばもし夫が1億5000万円の遺産を残して死んだ場合、妻がそれを全部相続すれば相続税はかからない。しかし、1億5000万円のうち、半分を子供が半分を妻が相続したような場合は、妻には相続税はかからないが、子供には相続税がかかる。

要するにこれは遺産全体に対する基礎控除ではなく、あくまで配偶者が自分の相続した分について控除してもらえる制度なのだ。

だから1億6000万円程度の遺産が残された場合、配偶者にすべて相続させるべきなのである。

法定相続人がいた場合、本来は相続財産の半分は子供がもらえることになっている。なので、妻が全部もらうと子供は不服かもしれない。その際には、いったん妻が全部相続し、毎年110万円ずつ子供に分け与えればいいのだ。そうすれば、相続税も贈与税もかからなくなる。110万円は贈与税の基礎控除である。毎年110万円までなら、贈与しても贈与税はかからないのだ。

この配偶者の控除を受けるには、申告の際に戸籍謄本と遺言書の写し、遺産分割協議書の写しなど、配偶者の取得した財産がわかる書類を添えて提出しなければならない。

また相続税の申告後に、遺産分割が行なわれた場合には、分割が決定した日から4カ月以内ならば「更生の請求」を行なって、申告のやり直しをすることができる。詳しくは、税務署に聞いてほしい。

また配偶者の場合、どれだけ多額の遺産があったとしても、遺産の半分までは無税で受け取れる。

たとえば100億円の財産のうち50億円を配偶者が受け取った場合は、無税なのである。

ただこの制度は前項の1億6000万円ルールと同じで、遺産全体に対しての基礎控除ではなく、あくまで配偶者だけに適用される控除制度である。

配偶者以外の相続人たち（子供など）の相続分については、まともに相続税がかかってくる。

またこの控除を受けるには、前項の1億6000万円の控除と同様に、申告の際に戸籍謄本と遺言書の写し、遺産分割協議書の写しなど、配偶者の取得した財産がわかる書類を添えて提出しなければならない。

遺産が家だったら相続税は大幅に減額される

前項までで、遺産は半分までは妻（もしくは夫）が引き継げば、相続税を大幅に減額できると述べた。

しかし、配偶者がすでに死んでしまっている人も中にはいるだろう。

そういう人のために、他の方法をご紹介したい。

それは、**財産を「不動産」で残す方法**である。

財産をお金や預貯金で残せば、そのままの金額が相続税の対象財産となる。

たとえば1億円を預金で残せば、1億円まるまるが相続税対象額となる。

しかし家の場合は、評価額が下がるので、相続税的には非常に有利なのだ。

というのも、家の場合の遺産としての評価額は路線価などを元にして決められる。参考になるのが固定資産の評価額である。これはたいがいの場合、市場価額よりも若干低めに設定されている。

しかも建物の場合は、建ててから年数を経るごとに価値は下がってくる。10年も経てば半額以下になることも珍しくない。

また遺産が不動産だった場合、特例で遺産の評価額が非常に低くなることがあるのだ。

それは死亡した人と同居していた家族が死亡した人の家を相続した場合、その土地の評価額が80％も減額されるというものである。

これは、「小規模宅地等の特例」と呼ばれている。２４０㎡以内の宅地を、死亡した人と同居している親族が相続した場合に適用されるのだ。同居している親族には、もちろん配偶者も含まれる。

だから簡単に言えば、同居している家族がその家を相続した場合は、その土地の評価額は80%減でいいということなのだ（240㎡以内であれば）。

しかも、この特例は2015年から大幅に拡充される。対象となる土地が240㎡以内から330㎡になるのだ。

この330㎡の縛りは全国共通である。

都心部であっても、地方であっても、330㎡以内の住宅地はこの特例の対象となる。たとえば都心部で2億円の330㎡の宅地を持っていれば、全部がこの特例の対象となるが、地方で5000万円、600㎡の宅地を持っていても、この特例からはみ出てしまう。

だから地方で広大な家を建てるよりは、都心部で330㎡以内の敷地の家を建てる方が相続税対策になるということだ。

またさらに、この「小規模宅地の特例」は2015年の改正により、完全分離型の2世帯住宅も対象とされることになった。

これまで完全分離型の2世帯住宅は、この特例の対象外とされていた。しかし、今回の税制改正からは完全分離型でもいいということになった。

だから、親がけっこうな大金を持っている場合は、地価の高い地域で完全分離型の2世帯住宅を買ってもらい、そこに住むのがもっとも効果的な節税策だと言える。

また2015年から、この「小規模住宅の特例」は「死亡時に老人ホームにいても、入所前に同居していれば特例の対象となる」ということになった。

それまでは高齢のために老人ホームに入所したような場合は、この特例が適用できなくなっていた。

しかし今回の改正で、死亡したときにその家に住んでいなかったとしても、介護が必要なために入所したような場合は、適用されることになったのだ。

この特例の対象となる2世帯住宅の種類など、詳しいことについては住宅メーカーか、税務署に聞いてほしい。

第4章

給料の払い方を変えれば会社も社員も得をする

給料のもらい方を変えるだけで手取りが2~3割アップする

サラリーマンの節税方法でもっとも効果的なのは、会社と協力し、給料のもらい方を変えてもらうことだ。

これをするだけで、普通の手取りが2割程度はアップし、多い人ならば3割近くアップすることも可能である。

サラリーマンの方はあまり自覚はないようだが、給料の中には「社会保険料」と「税金」が含まれており、これが実は非常に高い。

税金は市民税10%、所得税が5~33%(年収500万円の人はだいたい10%)、社会保険料は健康保険が8・2%、厚生年金が14・642%である。合計するとだいたい40%前後になる。

社会保険料は建前上は会社との折半になっているが、会社が全額人件費として払うわけなので、結局はサラリーマンの取り分から引かれているということである。

実に賃金の40%以上も、税金、社会保険料で取られているわけだ。40歳以上の人は、これに介護保険が加わるのでさらに負担率は高くなる。

だから単純に言って、税金と社会保険料を全部なくせば、給料は4割アップするのである。ただ税金と社会保険料をまったくなくしてしまうのは事実上無理なので、必要最低限は払うとして、最大で3割程度はアップできるわけである。

給料のもらい方を変えるとはどういうことか？

では給料のもらい方を変えるというのは、具体的にどういうことなのか説明したい。

サラリーマンの給料の計算は、すべて会社が行なう。

税金、社会保険料も会社が計算して天引きし、会社から税務署や社会保険庁に納付されている。

ということは会社のやり方次第で、社員の給料や税金は増減することができる。つまり会社のさじ加減一つで、社員の税金や社会保険料は、相当な額を減らすことができるのだ。

そして、実は給料には**「税金のかかるもの」**と**「税金のかからないもの」**がある。

「税金のかかる給料」とは、会社から金銭的に支払われる正規の給料である。

「税金のかからない給料」とは、社員が会社から受ける経済的恩恵のことだ。

会社は、名目の給料の他に、社員の待遇をよくするためのさまざまな支出をしている。

たとえば、福利厚生費などである。

この福利厚生が、実はかなり広い範囲で認められているのだ。

たとえば、**家賃の補助、遊興費の補助**などである。これをうまく使えば、給料をもらっているのと同じ恩恵を受けながら税金はかからないということができるのだ。

会社にとっても大きなメリットがある

サラリーマンが給料のもらい方を変える場合、ネックになるのは会社がそれをやってくれるかどうかである。サラリーマンの方も、それが一番気にかかる部分だろう。

しかしちゃんと説明すれば、会社も絶対に応じてくれるはずである。

なぜなら、これは会社にも大きなメリットがあるからだ。

まず費用対効果が上がるメリットがある。

同じ人件費を払うなら、税金を安くして社員の取り分を多くしたほうが「費用対効果」は上がるのだ。

社員の取り分が多くなれば、社員もそれだけいい生活ができる。それは、仕事の意欲増進にもつながるし、会社への忠誠心も上がるはずだ。

たとえば社員に500万円の給料を払うなら、社員が500万円使えたほうが費用対効果はいいはずだ。もし社員に500万円渡したのに、そのうち4割を誰かにピンはねされていたとなると、会社としては大きな損なわけだ。

社員の実質給料が増えれば、それは内需の拡大にもつながり、広い意味での景気刺激策にもなる。

また会社にとって、具体性、即効性のメリットもある。

なぜかと言うと、**消費税の節税**になるのである。

消費税がなぜ節税になるのか？

消費税とは一般の人にとっては、買い物をするときに8％かかってくるというイメージだろう。しかし消費税は、客が払った8％がそのまま税務署に納付されるわけではない。

事業者は客から8％の消費税を受け取るが、仕入れや経費を払ったときには、逆に消費税を払っている。事業者が払った消費税は、納付する消費税から差し引くことができるのだ。

つまり消費税の納税額というのは、売上のときに客から預かった「預かり消費税」から、仕入れや経費の支払いのときに支払った「支払い消費税」を差し引いた残額ということになるのだ。

式にすれば次の通りになる。

「預かり消費税」－「支払い消費税」＝消費税の納税額

ということは支払い消費税を増やせば、納付する消費税は減らすことができるのだ。消費税を納付する事業者というのは、仕入れや経費支払いのときにどのくらい消費税を払ったのか計算することになる。この計算は単純に考えれば、仕入れなどの経費×8％で算出される。

しかし、経費の中から人件費は除かなければならない。なぜなら、人件費は消費税がかかっていないからである。

つまり支払い消費税を計算するときには、

「支払経費－人件費」×8％

ということになる。

そこで社員への給料を人件費ではなく、他の経費（福利厚生費など）で払えば、その分の支払い消費税は納付消費税から差し引くことができる。

つまり人件費を減らして、その分を他の経費に振り替えれば、消費税が安くなるのだ。

たとえば、10億円の売上がある会社があったとする。経費は7億円で、そのうち3億円が人件費である。この会社の消費税は次のようになる。


（売上10億円－経費4億円）×8％＝納付する消費税4800万円

経費がなぜ4億円になるかというと、経費7億円のうち3億円は人件費なので、人件費分を差し引いたわけだ。

もし人件費を3億円から2億円にし、その分を人件費以外の経費に振り分けたとする。

支払い消費税は4億円から5億円になり、納付する消費税の計算は次のようになる。


（売上10億円－経費5億円）×8％＝納付する消費税4000万円

なんと消費税が800万円も違ってくるのである。

このように人件費を他の経費に振り替えることができれば、その振り替えた分の消費税が節税できるというわけだ。

外資系企業はすでに導入している

この給料の払い方は、実は外資系企業はかなり前から導入しているものなのである。以前から外資系企業（欧米系）は、社員の税金や社会保険料を可能な限り節減しているのだ。

外資系企業は、非常にドライである。日本という国に別に思い入れも恩義もなく、ただ儲けられればいいと思っているわけだ。だから社員を能力で厳しく査定し、結果を出せない社員は容赦なく切り捨てる、利益に結びつかないことは絶対にしない、そういう企業が多いのは事実である。

一方で外資系企業は、社員の税金や社会保険料のことを非常に配慮しているのだ。彼らがそういった配慮をするのは、もちろん彼らなりの合理的な理由がある。

「同じ人件費を払うならば、社員の手取り額が大きいほうが費用対効果は高い」

ということである。

だから社員の税金、社会保険料を極限まで安くしているのだ。

外資系企業は、税金に関して非常にシビアである。外資系企業は、日本国に税金を払っても何の恩恵もない。だから日本に進出している外資系企業は、税金を極限まで安くしようとする。

しかも外資系企業の税金に関する厳しさは、会社本体だけではなく、社員の税金にも向けられる。

日本国に税金を払うくらいなら、社員の手取りを多くしたいのだ。さすがは金銭感覚に長けた外資系企業のやることである。

しかし日本国に税金を払っても恩恵がないのは、日本の企業も同じである。また同じ人件費を払うならば、費用対効果が高いほうがいいのも同じである。

日本の企業も外資系企業を見習って、社員の税金、社会保険料を節減するべきだ。それは、会社にとっても社員にとっても得になることなのである。

非課税手当を増やせ

では、これから「**税金のかからない給料**」を増やすには具体的にどうすればいいのかをご紹介していきたい。

「税金のかからない給料」には2通りある。

一つは給料の一部として支払われているが、税法で特別に「税金をかけない」と決められたもののことである。

これは「非課税手当」と言われている。

非課税手当にはどんなものがあるのか、大まかに言えば次の通りである。

・通勤費（10万円まで）
・食事代（金額の制限あり）
・家賃の補助
・仕事に必要な技能の習得費用
・創業や永続勤務の記念品
・日直費
・出張旅費、日当

このように、けっこうたくさんあるものである。これらをうまく使えば、サラリーマンの税金はかなり抑えられるのだ。

現在の会社はこれらの非課税手当を十分に使っているとは言えない。

特に中小企業では、ほとんど使っていないケースも多いようだ。

そして「税金のかからない給料」は、もう1種類ある。

それは、給料以外で経済的利益を得るというものだ。福利厚生、出張旅費、現物支給などの方法で社員に経済的利益を与えるのである。

会社は社員のために福利厚生を行なうことがあるが、これは会社の経費にできるし、前述したように消費税の課税仕入れにもなる（一部ならないものもあるが）。そして福利厚生は給料ではないので、社員には税金がかからない。

つまり給料に代わって福利厚生を充実させ、社員に給料をもらっているのと同じメリットを与えれば、会社にも社員にも得になるということだ。

福利厚生と同じように、出張旅費やさまざまな形で現物支給することにより、「税金のかからない給料」を払うことができるのだ。

だから社員の税金、社会保険料を節減するには、いかに給料以外の方法で社員に経済的な利益を与えるかということになる。

社員に経済的利益を与えた場合、原則としてそれには税金、社会保険料がかかることになっている。しかし福利厚生費など、一定の要件を備えていれば、税金、社会保険料の対象からはずすことができるのだ。

給料の代わりに家賃補助をもらえば税金が劇的に安くなる

「税金のかからない給料」の代表的なものは家賃の補助である。

これは税金のかからない給料の中で、もっとも手っ取り早く大きな効果をあげられる。

具体的な方法は、会社がアパートやマンションを借り上げて社員をそこに住まわせるのである。社員は家賃の一部分だけ負担し、大部分は会社が肩代わりする。そうすれば、会社が肩代わりした部分は給料とはみなされず、税金や社会保険料の対象にはならないのだ。

普通、家賃は自分の給料の中から払うものだ。給料は、税金を天引きされた後なので、すでに税金は取られている。つまり給料から家賃を払えば、家賃にはすでに税金が課せられていることになるのだ。

しかし家賃分を給料から差し引く代わりに会社が家賃を払えば、それには税金はかからない。

ただし、この方法には注意点がある。

家賃の全額を会社が払うことはできないということである。

会社が家賃の全額を払ってしまえば、給料とみなされる。家賃を全部払ってもらうのは社員にメリットが大きすぎるので、給料と同じ扱いになるのだ。

しかし社員が市場家賃のだいたい15%以上を払っていれば、給料扱いはされない。税金のかからない社員の支払い額は、次の計算式で算出される。

・その年度の建物の固定資産税の課税標準額×0・2%
・12円×その建物の総床面積の坪数
・その年度の敷地の固定資産税の課税標準額×0・22%

この3つの計算式で出された金額を足した金額の「半額以上」を社員が払っていればいいのだ。それが、だいたい市場家賃の15%になる。

また、この方法は単なる「家賃の補助」では不可である。あくまで会社が直接借りて、そこに社員が住む形をとらなければならない。社員が直接、賃貸契約を結んでいてはダメなのだ。

家賃10万円を会社借り上げにすれば年間40万円得をする

たとえば、家賃10万円のマンションを借りているサラリーマンを例にとって説明したい。このマンションを会社が借り上げて、「社宅」として社員に貸し与えていることにしている。社員は10万円の15％、つまり1万5000円程度払っていれば、会社が払っている家賃は社員の給料とはみなされない。

つまり会社が肩代わりしている家賃月8万5000円は、「税金のかからない給料」なのである。これは年間にすれば102万円にもなる。

もしこの102万円を普通に給料としてもらえば、税金、社会保険料合わせて4割、つまり40万円以上も国に取られてしまう。

ところが**給料を102万円下げて、その分、家賃を肩代わりしてもらえば、40万円が自分のものになる**のだ。

この住宅借り上げの非課税制度は、社員だけでなく役員にも使える。

ただし役員の場合、若干社員よりも条件が悪く、家賃のだいたい30％以上を払わなければならない。また豪華な住宅などの場合は、家賃の50％以上払わなければならない。

日本の会社には社長が1人でやっている会社も多いが、そういう会社でもこの制度は使える。

賃貸住宅を会社の借り上げにすることは、そう難しいことではない。不動産業界も昨今は不景気が続いているので、借り手の要望はだいたい聞いてくれる。不動産会社や大家にとっては、特に手間がいることではなく、単に借り手の名義が変わるだけである。部屋の改装や鍵の作り換えの必要もない。新たに敷金や礼金などが発生することなく、会社の名義にしてくれるはずだ。

給料の代わりに社員に家を買う

前項では、賃貸住宅を会社の借り上げにして、社員の家賃を肩代わりする節税方法を紹介した。

今回は、もう一歩進んだ方法をご紹介したい。

それは、**給料の代わりに社員に家を買ってやる**ことである。

賃貸住宅じゃなく、家を買いたいという社員もいるはずである。そういう社員にも、恩恵が及ぶのである。

家を買うのは、サラリーマンの夢でもある。これを会社が叶えてくれるわけだ。しかも自分で家を買うよりも、はるかに税金、社会保険料が安くなるのだ。

家を買ってやると言っても、会社が家を買ってそのまま社員にあげてしまえば、それは給料と同じ扱いになり、税金、社会保険料の対象になってしまう。

しかし、ちょっとした工夫をすれば、その問題をクリアできるのだ。

まず、会社は社宅として家を購入する。

現金で買ってもいいし、ローンで買ってもいい。その家を将来は社員に贈与するという約束をして、社員に対して貸すのである。

建前の上ではあくまで社宅としておくのだ。

そして社員が定年になって会社を辞めるとき、その家を退職金として社員に贈与するのだ。

つまり社員に定年まで勤めれば家をあげますよという条件をつけて、その家に住まわせるのだ。社員としては、持ち家と同じような気持ちで住むことができる。

家をもらうときは退職金としてもらう。これには税金はかかるが、社会保険料はかからない。

また家をもらうとき、家の価値は随分下がっているので、購入時よりもはるかに少ない金額が査定される。そして退職金は税制上、非常に優遇されているので、給料に比べればはるかに安い税金で済むのだ。

もし4000万円の家をこの方法で社員に贈与した場合、税金、社会保険料が概算で2000万円近く節減できる。

会社も、家の価格が2000万円、土地の価格が2000万円とするなら、一軒だけで1600万円の消費税の節約になる。もし100人の社員に同じことをすれば、1億6000万円の節税になるのだ。

非常にダイナミックな裏ワザと言える。

しかも手続き的にはそれほど複雑なものではないし、社員のモチベーションも相当上がるはずだ。

給料の代わりに食費を出す

「住」関係ばかりではなく、「食」に関しても「税金のかからない給料」は存在する。

まず挙げられるのが夜食代である。

残業した人の食事代を会社が負担した場合、そのお金は給料として課税しなくていいことになっているのだ。

この制度をうまく使えば、かなり税金、社会保険料の節減になる。

会社が夜食代を出すことを条件に、その分の給料を下げれば、社員にとっても会社にとっても節税となる。

たとえば月の半分以上残業をしている社員が残業したとき、いつも1000円程度の出前を取っていたとする。1カ月15日残業したとして、毎月1万5000円の夜食代がかかるのだ。

この1万5000円を会社が残業者の夜食代として払い、その分を給料から減らしたとする。すると年間で18万円分が「税金のかからない給料」となるわけだ。

この18万円の40％が税金、社会保険料分に該当するので、7万2000円も節減できるのである。

残業が多い会社、夜の勤務時間が長い会社などはぜひ活用したい。

また通常の昼食代でも、「従業員が半分以上払うこと」「月3500円以内」という条件を満たせば非課税となる。

つまり毎月3500円までは、昼食代としてもらえば、その分の所得税はかからないということだ。年間にすると、税金のかからない給料の額は4万2000円になり、その40

%、1万6800円もの得となるのだ。

ただし昼食の場合、3500円を単に現金としてもらえば、非課税にはならないので、注意を要する。非課税となるのは、会社を通じて仕出しや出前などを取ってもらった場合のみである。

夜食の場合も現金でもらうのではなく、会社を通じて出前などをしてもらわなければならない。

ただし夜間勤務者の場合、出前などは取らなくても、一回300円までの食事代の現金での支給は非課税となる。だから弁当持参で来る社員なども、この非課税手当を使うことができる。

社員の飲み代を会社が持つ

日本のサラリーマンにとって、飲み代は大きな支出である。

これを会社が肩代わりしてくれたら、サラリーマンは非常に助かるはずである。

この飲み代も、会社が出してやる方法がある。

その方法は、いくつかある。

一つは、前に紹介した会議費で落とす方法である。

会議費というのは、第2章でも述べたように、会議の中で飲食などをしたときに支出する費用のことである。これは食事と若干の飲み物付きも認められており、目安としてだいたい1人3000円とされている（明確な基準はない）。

この会議費を有効に使えば、社員の節税となる。社員に会議費を使える権利を与える代わりに、給料をその分下げるのだ。

たとえば週に1回、月に1人1万円程度、会議費を使わせる代わりに、その分の給料を下げる。年間で12万円なので、これを給料としてもらえば、税金と社会保険料でだいたい4万8000円取られる。

でも会議費として使えば、この4万8000円の税金、社会保険料はかからないのだ。

会社としても、会議費は消費税の課税仕入れにできるので、消費税の節税にもなる。

ただ会議費は、社内の人としか飲めない。そこで、社外の人とも飲める方法として「5000円の特例」を使うといい。これも第2章で述べたが、現在、特例として1人当たり5000円以下の飲食費については全部が会社の経費にできるようになっているのだ。

この「5000円以下の特例」を社員にも使わせるのである。社員の給料を下げる代わりに、その分の枠を与えるのである。そうすれば、社員にとっては所得税、住民税、社会保険料の節税になるとともに、会社にとっては消費税の節税になる。

中小企業ならば社員に接待交際費の枠を与えよう

前項では1人当たり5000円以内の飲食費を会社から出す方法を紹介したが、資本金1億円以下の中小企業ならば、もっと直接的に飲み代を使うことができる。

普通に会社の接待交際費として計上するのだ。

第3章で述べたように、資本金1億円以内の中小企業では、年間800万円は接待交際費を税務上の経費に計上できることになっている。

この年間800万円の接待交際費の枠は、通常は経営者などの交際費として使われている。しかし経営者だけで800万円を満額使うことはあまりない。

なので、800万円の枠が余っている会社では、それを社員に分配すればいいのだ。

たとえば、「社員1人あたり年間20万円は、会社の接待交際費を使える」などという取り決めをしておく。そして、その分の給料を削る。給料として20万円もらえば、税金、社会保険料で8万円取られるが、接待交際費としてもらうならば、それは取られずに済むのだ。会社としても、消費税の節税になる。

ただし接待交際費を使う際には、気をつけなくてはならない点がある。

接待交際費はあくまで社員が接待交際費を使ったときに、その都度、計上するという形を取らなくてはならないということだ。あらかじめ社員にお金を渡したり、月額いくらで支給したりすると給料として扱われる。

社員は飲食をしたときに、領収書をもらって会社に提出し、会社はそれを清算する手続きを経なければならない。

この接待交際費は、社員同士の飲み会でも使うことができる。

だから接待交際費の枠がある会社は、社員同士の飲み会を定期的に催すなどの使い方も可能なのだ。

社員旅行の費用を会社が出す

これまで「住」や「飲食」における「税金のかからない給料」を紹介してきた。

しかし、「税金のかからない給料」は「住」や「飲食」ばかりではない。レジャーに関するものもあるのだ。

レジャーで、まず思い浮かぶのが旅行だろう。

この旅行の費用を会社が出すことも可能なのである。

これも方法がいくつかある。

まずは、**社員旅行**という形態である。

社員旅行の費用は、一定の条件さえクリアしていれば、全額を会社の経費で落とすことができる。

その条件は4泊5日以内であり、社員の50％以上が参加するというものだ。海外でもOKである（海外での滞在が4泊5日以内）。

たとえば、九州に社員5名で4泊5日の社員旅行をする。旅費の1人12万円、合計60万円は会社が負担する。

これをもし自分のお金で行ったとすると、その費用は自分の給料から出すわけなので、最低でも1人5万円近くの税金、社会保険料がかかっていることになる。

しかし会社が福利厚生費として支出すれば、その5万円を払わなくて済むのだ。また会社としても、消費税の課税仕入れに入れられるので、1人当たり9600円、5人で4万8000円の消費税の節税になる（ただし海外旅行の場合は、全額を消費税の課税仕入れにすることはできない）。

社員旅行はつまらないと思っている人も多いかもしれない。

しかし工夫次第では、社員旅行もプライベート旅行と同じような楽しいものになる。

たとえば行きと帰りは一緒に行き、現地ではほとんど自由行動にすれば、普通の私的な旅行と同じように楽しめるはずだ。

また団体で申し込めば旅費が安くなるので、個人ではなかなか行けないところにも行きやすくなる。

ただしこの社員旅行では、気をつけなくてはならない点がある。

それは社員旅行に行かない人に、その分の金銭を支給すれば、社員旅行そのものが給料扱いになってしまうことだ。つまり、旅行に行かない人に露骨にその代金としてお金を支給することはできないのである。

研修旅行、視察旅行を使いこなせ

前項では社員旅行として、会社が旅行費用を負担する方法を紹介した。が、社員旅行では、どうしても気楽な旅行にはならないという人も多いだろう。

なので、今回は、普通の旅行に近い形の方法をご紹介したい。

それは、第2章でも触れた「**研修旅行**」「**視察旅行**」を使う方法である。

「研修旅行」というのは、会社の業務に関する研修のための旅行である。「視察旅行」は、会社の業務に関する視察を行なう旅行だ。

つまり個人的な旅行を、「研修旅行」や「視察旅行」という目的をつくって、会社の業務とするのだ。

もちろん前にも紹介したように、建前の上での目的は研修であり、視察である。その体裁はきちんと整えなければならない。

「どこどこの地域の市場調査」とか「どこそこの工場の見学」とか、もしくは希望の地域に取引先があれば、そことの打ち合わせを入れてもいい。

また日程も、半分以上は「会社の業務」を入れておかなければならない。視察ならばレポートなども作成しておくべきだろう。

しかし視察や研修は、こじつけができるものである。そう難しく考えず、会社の業務と関係のあることをうまく結びつけて、旅行をすればいいのである。

この視察旅行、研修旅行は、議員や公務員が非常によく使っている手法である。視察名目、研修名目で税金を使って遊びに行くのは、彼らの十八番でもあるのだ。実際に著者も、現役時代にはこの手の旅行はかなり行かせてもらった。

民間企業が自社の経費を使って、社員を「研修旅行」「視察旅行」に行かせることは、なんらおかしいことではないのだ。

ボーナスの代わりに、ご褒美《ほうび》として視察旅行に行く手もある。その費用が30万円だったら、もしボーナスでもらえば、だいたい10万円以上の税金、社会保険料がかかってくるが、会社の視察旅行ならばそれがまったくかからない。

また会社のほうも、消費税の課税仕入れが増えるから消費税の節税になる。

プライベートの旅行にも補助金を出す

これまで「社員旅行」「研修旅行」などという名目で、社員の旅行費用を会社が出す方法を紹介してきたが、もっと直接的に社員がプライベートの旅行をしたときに会社が補助金を出すという方法もある。

大企業では、保養施設を持っているところも多い。そういう企業の社員は、観光地や保養地で格安で宿泊することができる。また公務員なども公務員用の保養施設があり、同じような恩恵を享受できる。

しかし中小企業では、そうそう保養施設など持つことはできない。それでは不公平でもある。それを補うために社員がプライベートの旅行をした際に、その宿泊費を補助するのだ。

たとえば社員が観光旅行などをした場合、1泊につき5000円は会社から補助を出す。家族にも同様の補助を出す。それを年間10泊分（人数×宿泊）まではOKというような規定をつくっておくのだ。

そうすれば、年間5万円の観光費用を会社が負担してくれることになる。

もしこれを自腹で払うとするならば、税金、社会保険料で2万円程度払うことになってしまう。これを会社から補助として出してもらい、その分の給料を下げれば、2万円分の税金、社会保険料が浮くのである。

ただしこの方法を使う場合は、気をつけなくてはならない点がある。

それは、宿泊の補助を社員に手渡すのではなく、会社がホテルや旅館などに直接申し込み、社員が会社に残りの宿泊費を払う形態をとらなくてはならないということだ（国税局相談窓口に確認済み）。

社員が自分でホテルや旅館に宿泊の申し込みをし、補助金を会社が出すという形態では給料として扱われてしまうのである。

社員のプライベートの旅行に、補助を出す企業はけっこうある。少し古いデータだが、一般財団法人労務行政研究所の2001年の調査では、調査対象340社の大企業のうち、

39・7％が補助制度があると答えている。現在では、もっと増えているはずである。なので福利厚生としては、大企業の間ではかなり一般化された制度だといえる。

ちなみに補助額の平均は1泊につき3462円である。最低額は1000円、最高額は1万5000円である。そして7割の企業で、年間に使用できる回数を決めているということだ（3割の企業は年間無制限で使える）。

中小企業もこれを参考にして、旅行費用の補助を出せば問題はない。

スポーツジムの会費を会社が持つ

旅行だけじゃなく、他のレジャー費も「税金のかからない給料」として出すことができる。

たとえば、**スポーツジム**。

会社がスポーツジムなどと契約すれば、利用料は会社が福利厚生費として出すことができるのだ。

たとえば、スポーツジムの利用料が年間12万円だったとする。これを社員が自分の給料から払えば、その12万円には税金、社会保険料40％がかかっている。つまり12万円とは別に、4万8000円も払わなければならないのである。

しかし給料の代わりに会社に利用料を払ってもらえば、4万8000円の税金、社会保険料は払わなくて済むのだ。

ただしスポーツ施設の利用は、すべての社員が希望すれば使えるというようにしていなければならない（役員など一部の社員の特典としては認められない）。

もっともよいのは、レジャー施設に会社が法人会員で入る方法である。レジャー施設の法人会員の場合、「月に何人まで無料で利用できる」という形態をとっていることが多い。これを利用して、会社の誰もが使用できるようにしておき、実際に使用した人だけ、その分の給料を調整すればいいのだ。

会社の名義で車を買い与える

給料の代わりに会社が社員に家を買うという方法を前に紹介したが、それと似たような方法で、会社が社員に車を買い与える方法もある。

これを簡単に言えば、**会社が自社の営業車として車を買ってそれを社員に与える**ということだ。

車は会社名義だが、社員が自由に使ってかまわないようにしておく。また業務に差し支えない程度で、車種なども社員が決められるようにしておく。そうすれば、社員は自分の車を手に入れたのと同じことになる。

つまり給料の代わりに車をもらえば、それは「税金のかからない給料」になるということなのだ。

たとえば150万円の車が欲しい社員がいたとする。社員が自分の給料で車を買った場合、150万円の他に税金、社会保険料がだいたい60万円もかかる。しかし会社の所有車として会社に買ってもらえば、その税金はかからないのだ。

会社としても、社員に給料として150万円払うより、車を購入したことにしたほうが節税になる。消費税だけで12万円もの節税となるのだ。

この方法は、家族企業などがよく使っている節税策でもある。

自分たちが使う車を社用車として購入して、会社の経費で落とす。この方法を応用するのだ。

ただし、気をつけなくてはならない点がある。

それは、「車の名義はあくまで会社のものにしなければならないこと」「その車は必ず何らかの会社の業務で使わなければならないこと」である。

社員が自宅に車を置きっぱなしのような状態では、税務署から否認される恐れがある。一方、会社の業務で使っているのなら、社員が私的に使っている部分があっても大丈夫である。会社の営業車を私的に使っている社員はいくらでもいるからである。

社員にパソコン代を出す

会社が社員に家や車を買い与えるのと同様に、第2章でも紹介したパソコンを買い与えるという方法もある。

現代社会ではパソコンは必需品である。

仕事や生活の情報収集で、パソコン、インターネットは欠かせないものだ。

サラリーマンは、会社だけでなく自宅にもパソコンを持っている人がほとんどだろう。パソコンは2年経つと古いものになってしまうので、頻繁に買い換えなければならない。サラリーマンの生活費に占めるパソコン代はかなり大きい。

このパソコン代を、会社が肩代わりする。つまり給料の代わりに、パソコンを支給するのだ。

たとえば20万円のパソコンを買う場合、それを自分の給料から払えば、税金、社会保険料で8万円程度かかる。しかしその分を給料として支払わず、会社が直接パソコンを買い与えれば、この税金、社会保険料はかからないのだ。

会社も消費税1万6000円程度の節約になる。これを20人の社員に実行すれば、32万円、100人に実行すれば160万円もの節税になるのだ。

もちろんこのパソコンはあくまで会社のものであり、建前の上では会社が社員に貸与しているという形になっている。が、会社から貸与されたものであっても、それは自由に使うことができる。自宅に持ち帰ることももちろん可能である。サラリーマンは自宅のパソコンで会社の仕事をすることもあるはずだからだ。

インターネットで得た情報は、会社の仕事にも役立つはずだ。会社のパソコンを自宅に持って帰ったとしても、なんらおかしくはないのだ。

また自宅でのネットの通信費も会社から支給してもらうことができる。仕事のことで自宅でネットを使うことが少しでもあれば、それは会社の経費で出すことができるのだ。

ただし、この方法も気をつけなくてはならない点がある。

パソコンはあくまで会社の持ち物ということになる。自宅に持ち帰っても大丈夫だが、税務調査などが行なわれるときには、会社に持って来れる状態にしておいたほうがいい。また処分するときも、勝手に処分するのではなく、会社経由で処分したほうがいい。

携帯電話代を会社に払ってもらう

パソコンだけではなく、携帯関係も会社の経費で出すことができる。

現代人にとって、携帯電話は不可欠なものだ。この携帯電話の通信費を会社が払うことによって、社員の税金、社会保険料の節減ができる。

携帯電話代1カ月1万円として年間12万円を自分の給料から払えば、それには税金、社会保険料が約5万円もかかってくる。しかし会社にそれを負担してもらい、給料をその分下げれば、5万円もの得になるわけだ。

携帯電話は、会社の業務でも必要不可欠なので、会社が費用を負担しても別におかしくはない（携帯電話を会社から社員に貸与しているところも多い）。

携帯はすでに個人契約しているものであっても、会社がそれを借りている（業務で使わせてもらっている）ことにして、社員に対して賃貸料として払えばいい。

社員の生命保険料を会社が負担する

「税金のかからない給料」には、生命保険料もある。

会社は、**社員の生命保険料を経費として出すことができる**のだ。

サラリーマンのほとんどは生命保険に入っている。だから、給料の代わりに生命保険料を会社に出してもらえば、それは「税金のかからない給料」となり大幅な節税になる。

たとえば月額2万円の生命保険に入っている社員がいたとする。自分の給料からこの保険に入っていたならば、年額24万円の保険料とは別に税金、社会保険料が9万6000円程度もかかっている。でも給料をその分下げて、会社が生命保険料を負担してやれば、9万6000円を払わずに済むのだ。

ただし会社から生命保険に入る場合、注意点がいくつかある。

まず一部の社員のみを対象にしていたのでは使えない。全社員に生命保険を同じ条件でかけてやらなければ「税金のかからない給料」にはならないのだ。

次に受取人は会社にしておかなければならない。受取人が社員本人であれば、生命保険料は「税金のかかる給料」となってしまうのだ。

しかし受取人が会社になっていても、就業規約などで社員が死亡したときは会社から保険金相当の弔慰金を払うように定めておけば、普通の生命保険と同じような恩恵を蒙《こうむ》ることができる。病気で入院したときも、保険から出る分を会社から払うように決めておけばいいのだ。

会社が本、雑誌代を出す

「税金のかからない給料」には、第2章で触れた雑誌代や書籍代も含まれる。

サラリーマンは、業界や世間の動向をつかむためや、一般知識を得るなどの研鑽のために本や雑誌を買っていることが多い。

この書籍代も、会社の経費から出してもらうことができる。給料の代わりに、書籍代を出してもらえば、社員の税金、社会保険料の節減になる。

たとえば月5000円を書籍代に使っている場合、年間6万円である。これを自分の給料から払えば、税金、社会保険料が2万4000円くらいかかってくる。

しかしその分の給料を下げる代わりに、会社から書籍代を支払ってもらえば、この2万4000円が浮くのだ。

会社も書籍代は消費税の課税仕入れとすることができるので、これを全社員に行なえば、けっこうな額になる。

もし社員100人に月5000円の書籍代を出してやれば、年間600万円。この600万円は消費税の課税仕入れに入れることができるので、48万円の消費税の節税になるのだ。

書籍代は月に5000円などというように、はじめに社員が使いそうな額をある程度決めておき、その分を社員が自由に使えるようにしておけば便利だろう。残額はボーナスで清算するなどすればいい。

ただしこれはあくまで書籍代なので、書籍を買った際にのみ経費にできる。社員は買った本の領収書を会社に提出しなければならないし、あらかじめもらうことはできない。

費用として認められる書籍は、会社の業務に限ったものではない。書籍は、費用として認められる範囲が広いのだ。サラリーマンの場合、どんな本でも「情報収集」になり得るからだ。週刊誌なども重要な情報源であるから、当然、費用として認められる。

英会話の受講費を会社が出す

「税金のかからない給料」には、社員が会社の業務に必要な知識、技能を身につけるための費用もある。これらの費用も、会社の経費で落とせるのだ。

最近では、サラリーマンがアフター5に英会話学校に行っていることもよくある。給料の代わりにこの受講費を会社が持てば、社員の税金、社会保険料の節減になる。

昨今の企業活動で英語がまったく必要ないなどという会社は、ほとんどないと言っていい。伝統工芸の職人さんでも、外国人観光客向けに英語を習っていたりする。

だから、社員が英語を習おうというとき、会社がその経費を持つのはおかしいことではない。

月会費1万円の英会話学校に1年間通うとすれば、年間12万円である。これを自分の給料から出すならば、税金、社会保険料で40%、4万8000円も取られる。この分の給料を減らして、会社が出してくれれば、4万8000円の税金、社会保険料は払わずに済むのだ。また英会話に限らず、各種学校、講座の費用も会社が持つことができる。少しでも会社の業務に関係のあるものであればなんでもいいのだ。

第5章

消費税で儲かる人たち

消費税ほど不公平な税金はない！

2014年4月、ついに消費税が増税された。

筆者は、**これで日本は破滅にまた一歩近づいた**と考えている。

「消費税は公平な税金」

「日本は先進諸国に比べて消費税が低い」

「消費税は社会保障費にすべて充てられる」

消費税の増税に際し、政府はこういう説明を繰り返した。

しかし、これは**すべて嘘**である。

それは動かぬデータで明確に表れていることであり、税金を少しでもかじったことがあるものであれば、容易にわかることである。

消費税ほど不公平な税金はないし、日本は実質的に世界一というほど消費税は高いし、消費税から社会保障費に充てられる金は1円もないのである。

なのに、なぜ消費税はいい税金だと吹聴され、増税が促進されたのか？

なぜ政界、官界、財界がこぞって消費税の増税を推し進めてきたのか？

それは、彼らが消費税で得をするからである。

消費税というのは国民全体に負担を押し付けるものでありながら、一部の人にとっては非常にありがたい**「得をする税金」**なのである。

なぜこのことにマスコミは気づかないのか、筆者は不思議でならない。

いや、税金の専門家たちは、こぞって消費税の増税に反対し続けてきた。消費税に反対しているのは、筆者だけではないのだ。

しかしその声は、なかなかマスコミに取り上げられなかった。

この章では、いかに消費税が不公平で悪質な税金であるか、消費税がさらに増税されれば、日本が破滅へ向かう時間がいかに短くなってしまうか、ということを説明していきたい。

輸出企業は消費税増税で得をする

輸出企業にとって、消費税は大歓迎の税金なのである。

なぜなら彼らにとって消費税は、払うものではなくてもらうものだからである。

消費税には不思議な仕組みがいくつもある。

そのうちの一つが、「戻し税」というものである。

消費税は、国内で消費されるものだけにかかるという建前がある。だから輸出されるものには、消費税はかからないのである。ところが輸出されるものは、国内で製造する段階で、材料費などとともに消費税を支払っている。

そのため「輸出されるときに、支払った消費税を還付する」のが、戻し税なのである。

消費税の建前上の仕組みからいえば、この戻し税というのは、わからないことでもない。

輸出企業は製造段階で消費税を払っているのに、売上のときには客から消費税をもらえないので、自腹を切ることになる。それは不公平だということである。

しかし現実的に見ると、この制度は決して公平ではない。

この戻し税は事実上、輸出企業への補助金となっているのだ。

というのも、輸出企業は製造段階できちんと消費税を払っていないからである。

消費税がかかっているからといって、下請け企業や外注企業は価格に消費税を転嫁できない。製造部品などの価格は下請け企業が勝手に決められるものではなく、発注元と受注企業が相談して決めるものである。となると、力の強い発注元の意見が通ることになり、必然的に消費税の上乗せというのは難しくなる。

今回も消費税が増税されたからといって、下請け企業はなかなか価格転嫁はできないだろう。

となると、輸出企業は製造段階で消費税を払っていないにもかかわらず、戻し税だけをもらえることになるのである。

トヨタは消費税増税で1000億円以上得をする

表8は、日本の輸出企業上位10社が、消費税でもらっている「戻し税」の額である。

2009年度、第1位のトヨタは2100億円もの戻し税を受けているのである。消費税が5％から8％になれば、この戻し税も1・6倍になる計算である。

だからトヨタは2009年レベルの収支であれば、3300億円もの戻し税を受け取る

表8　輸出企業の還付金　単位：億円

	増税前の消費税還付金（2009年度）	増税後に想定される消費税還付金
トヨタ自動車	2106	3369
ソニー	1060	1696
日産自動車	758	1213
キヤノン	722	1155
東芝	721	1154
本田技研	666	1066
パナソニック	648	1037
マツダ	592	947
三菱自動車	412	659
新日本製鉄	339	542
合計	8024	12838

（2009年度のデータは湖東京至元静岡大学教授の試算、増税後の試算は2009年データを元に著者が作成）

ことになるのだ。この増税により1000億円以上も、戻し税が増えるのである。現在、トヨタは円安により輸出好調のため、2009年レベルよりもかなり売上増が見込まれている。だから、トヨタの戻し税はさらに増えることが予想されている。

増税後には、上位10社だけで1兆円以上の戻し税が見込まれているのだ。

消費税の税収は十数兆円である。**十数兆円しか税収がないのに、1兆円も戻し税を払うのである。**

こんなバカバカしいことはないのだ。

消費税は社会保障費には1円も使われない

次に「消費税は社会保障費にすべて充てられる」という嘘について説明したい。

そもそも消費税は、導入時から「福祉財源に充てる」ことが約束されていた。

「日本はこれから少子高齢化社会を迎える。そのためには財源が必要なので、消費税をそれに充てる」

ということである。

しかし消費税導入後の歳出歳入の流れを見れば、そんなことは嘘っぱちだということが明確にわかる。

消費税が導入されたのは１９８９年のことである。

あろうことか、その直後に法人税と高額所得者の所得税が大幅に下げられたのである。

消費税の創設による増収は約10兆円だが、この10兆円は法人税と所得税の減税分ですべて吹っ飛んでしまったわけである。

つまり消費税は福祉のために使われたわけではなく、大企業と高額所得者に差し出されたわけである。

また消費税が３％から５％に引き上げられたのは、１９９７年のことである。その直後にも法人税と所得税はあいついで下げられた。そして大型の公共事業が計上された。このときも消費税の増税分は、法人税減税、所得税減税や公共事業費などですべて吹き飛んでしまった。

そして、今回である。

今回も前回、前々回と同じパターンである。

復興特別法人税の廃止が真っ先に決められ、さらに法人税本体の減税も検討されている。

また巨額の公共事業が計上され、歳入の倍にも上る歳出案が国会を通過したのである。

消費税の増税分などは、この怒涛のような利権獲得競争の中で、ちりのように吹き飛んでしまったのである。

これで、どうして「消費税は社会保障費に充てられる」などと言えたものか？

どんな詭弁《きべん》を使っても、無理だと思われる。

こんなわかりやすく明確なデータがあるのに、なぜ国民は騙され続けているのか、筆者は不思議でならない。

そもそも消費税は紐《ひも》がついているわけではないので、消費税を社会保障費だけに使うなどということは、あり得ないのである。いや、「消費税を全部、社会保障費に充てましたよ」という言い方は、できないことはない。現在、社会保障費は40兆円程度であり、消費税の税収は十数兆円なので、消費税は全部社会保障費に使ったと言われれば、それはそうとも言えるのだ。

しかし実際には、これまで社会保障費を賄《まかな》っていた他の税収から、消費税に振り替えたに過ぎないのである。**消費税の導入により、社会保障費が充実したわけではない**のだ。

消費税が格差社会をつくった！

筆者や税の専門家たちが、こぞって消費税に反対する最大の理由は、「**消費税は格差を**

助長する」ということである。

「消費税は、モノに対して一律にかかってくる税金。誰もが同率で払う税金。だから公平なはず」

そう思っている人も多いと思われる。財務省や国は消費税のことを懸命に喧伝してきたので、そういう詭弁を信じこまされている人も多いようである。

なので消費税がいかに不公平で、格差を助長する税金なのか、簡単に説明したい。

消費税は、収入が低い人ほど負担率が上がっていく税金なのである。

なぜかと言うと、低所得者は貯金をする余裕がないので、収入のほとんどを消費に回してしまう。

たとえば年収200万円の人の場合、この200万円はほとんど貯金することなく、消費されてしまう。だから消費税の支払額は16万円であり、収入に対する負担割合は8％ということになる。

一方、年収1億円の人がいたとする。この人は2000万円を使い、8000万円は貯金や投資に充てた。するとこの人の消費税の支払額は2000万円の8％なので、160万円ということになる。1億円の収入があって、支払った消費税が160万円なので、収入に対する負担割合は1・6％で済むのである。

年収200万円の食うや食わずの人が8%も負担しているのに、億万長者は1・6%の負担で済む。それが消費税なのである。

消費税は間接税なので負担割合というのが、なかなか表に出てこない。しかし負担割合は、税金を語る上で非常に大事な材料なのである。

所得税に置き換えればわかりやすい。

もし所得税において、億万長者の税率は1%増税にしましょう、年収200万円の人は5%増税しましょうということになったら、国民は「なぜそんなバカなことをするんだ!」と怒り狂うはずだ。そして、こういう増税は絶対に通らないはずだ。

しかし消費税の増税というのは、実質的にこれと同じことをやっているのである。

間接税はわかりにくい仕組みを持っているので本質が見えにくくなっているが、本質を直視すれば、これほど不公平な税金はないのである。

消費税は非正規雇用を増やす

そして消費税にはもう一つ重大な欠陥がある。

それは、**非正規雇用を増やす**ということである。

消費税はそのシステム上、正規雇用を減らす圧力があるのだ。

これは曖昧な根拠で言っているのではない。数式的に見て明確に、消費税には雇用を減らす要因があるのだ。

これから税金に関して少々専門的な話になるが、少し我慢して読み進めていただきたい。

消費税はその計算式上、「人件費が大きい企業ほど、納税額が大きくなる」という仕組みになっている。

企業は消費税を納付するとき、客から預かった消費税をそのまま納付するのではない。企業は仕入れやさまざまな経費を支払ったときに、消費税を払っている。そういう「支払い消費税」を客から預かった「預かり消費税」から差し引いて、その残額を税務署に納付するのである。

だから単純に言えば、消費税の納付額は次のような算式で表される。


（売上－経費）×消費税率（8％）＝納付額

これを見ると、法人税などの計算とあまり変わらないように見える。

しかし法人税と大きく違うところは、経費の中に人件費が入っていないことである。社員の給料には消費税はかからない。そのため給料分の経費は「支払い消費税」の計算からはずさなくてはならないのだ。

となると、消費税の計算は、ざっくり言って次のような算式になる。


（売上－経費＋人件費）×消費税率（8％）＝納付額

この算式を見れば、人件費が多いほど消費税の納付額が大きくなることがわかるはずだ。

実際、企業が何かの業務を行なう際、**人件費を払って社員を雇うよりも、業者などに発注したほうが消費税の節税になる**のだ。

事実、消費税が導入されて以来、企業は正社員を減らし、外注費や派遣社員を増やす傾向にある。派遣社員の増加は消費税の導入だけが理由ではないだろうが、大きな要因の一つであることは間違いないのだ。

「日本の消費税は世界的に見て低い」というのは嘘

「日本は他の先進国に比べれば、消費税が非常に安い」

これは財務省や政治家、財界の人たちが喧伝をしてきた言葉である。

マスコミなどもすっかりこれを基本とした報道を行ない、あの朝日新聞でさえ社説に「消費税の増税はやむを得ない」と書いた。

しかし、この主張には実は**大きな欠陥がある**のだ。

確かに消費税の税率だけを比べれば、イギリスは17・5％、フランスは19・6％、北欧諸国は25％前後であり、日本の消費税よりもかなり高い。

しかし消費税の負担感というのは、税率だけで語ることはできないのである。

消費税というのは、モノの値段に上乗せする税金である。

消費税の最大の欠点は、モノの値段が上がることだ。それが一番、我々の生活に直結することである。

もし消費税を上げても、モノの値段が変わらないのだったら、消費税なんていくら上げてもいいわけだ。

つまり消費税は国民がモノの高さを我慢することによって、間接的に税負担をするという税金なのだ。

となると、消費税は物価との関係をセットで考えなくてはならない。

もし物価がものすごく低い国だったら、消費税を多少上げても、国民の生活にはそれほど影響はしない。

でも物価がものすごく高い国だったら、消費税を上げたならば、たちまち国民生活に影響する。

では、日本の物価はどうか？

日本は、実は世界でトップクラスに物価が高い国なのである。

東京より物価が高いのは、アフリカのアンゴラの首都ルアンダである。

ルアンダは、内戦が続いてきた都市だ。内戦で流通がマヒし、物資が不足しているから、物価が高い。内戦がずっと続いていた国と同じくらい、日本の物価は高いのだ。

日本はデフレで物価が下がっているといっても、そもそもの物価が非常に高いのである。

この物価の高さを考慮しなければ、消費税のことは論じられないのだ。

ヨーロッパの先進国は間接税の税率は確かに高いけれど、物価は日本より安いのだ。だから間接税の負担感というのは、日本より小さいのである。

逆に今の日本の生活は、世界最高の間接税を払っているのと同じ負担感だと言えるのだ。

つまり**日本の消費税は、実質的には世界一高い**のである。

しかし今の消費税の議論では、全体の物価の負担感はまったく比較せずに、単に「消費税の税率」だけを比較して「日本は間接税の負担が少ない」などと言っているわけである。

またヨーロッパの間接税には生活必需品は低い税率に抑え、贅沢《ぜいたく》品には高い税率を課すという仕組みがある。さらにヨーロッパの多くの国では、低所得者に対する所得補助制度などがある。つまりヨーロッパ諸国は低所得者にちゃんと配慮した上で、大型間接税をつくっているのだ。

実は日本でも消費税の導入時、「生活必需品などと贅沢品の税率は分けよう」という議論があった。しかしその議論が始まったとき、あらゆる業界から「自分の商品は税率を下げてくれ」という要望があった。そうなると日本の政治家たちは、即座にショートしてしまった。日本の政治家や官僚たちはさまざまな業界の調整をすることができず、「いっそすべての税率を一緒にしてしまえば、文句は出ないだろう」ということで、すべての商品の税率を一律にしてしまったのである。

だから、**日本の消費税ほど雑で悪質な税金はない**のである。

これまでの消費税公平論がいかに根拠の薄い表面上だけのものであるか、これで理解していただけたのではないだろうか。この薄い根拠を元にして、消費税は増税されたのだ。

もともと消費が冷え込んでいる日本で、消費税を増税したらどうなるか？

その答えは、これからの日本が体現していくことになる。

なぜ財務省は消費税を推進してきたのか？

消費税が嫌々ながらでも社会に受け入れられたのは、財務省が懸命にプロパガンダをしたからである。

「消費税は公平な税金」

「日本の消費税率は世界的に見て低い」

財務省は長い時間をかけて、そういう喧伝を続けてきた。

だから、ほとんどの国民はそれを信じ込んでいるわけである。

しかし官僚がなぜ消費税を推進しているのかというと、消費税が財源として一番、安定しているからである。

官僚の仕事は、国の財源を安定的に確保することである。そのためには、消費税はもっとも都合がいいのである。

所得税や法人税は、景気の動向で税収が大きく左右する。企業の業績が悪ければ、法人税、所得税の税収が大きく下がることもある。

しかし消費税は、それほど景気に左右されない。というのも、景気が良くても悪くても、生きている限り人は一定の消費をしなければならないからだ。

どんなに景気が悪くても国民は一定以上の消費を行なう、そこに税金をかければ、まったく取りっぱぐれはないということである。

一方、所得税や法人税は政治によって簡単に増減されてしまう。

大きな選挙があるときには、与党の政治家は所得税や法人税などの減税を約束したがるからだ。減税をすれば、与党の支持が上がるからである。

しかし選挙のたびに減税をされると、財務省としては困る。

その点、消費税はそういう心配がない。

消費税は国内の取引全部にかかる税金であり、一度、設定してしまえば、そう簡単には減税できない。政治家も消費税の減税は、そう簡単には約束できない。

つまり消費税というのは、安定財源を得るためにもっとも都合のいい税金なのである。

財務官僚は日本の将来や国民生活のことを考えて、じっくり検討した上で消費税を推進したわけではなく、ただただ安定財源が欲しかっただけなのだ。

5・5兆円の経済対策費という愚行

日本の税金の欠陥は、取り方だけではない。

使い方もめちゃくちゃなのである。

消費税の導入にともない、政府は景気の腰折れを防ぐために、平成26年度の予算案では5・5兆円の経済対策費を計上している。

消費税の増税で増える税収というのは、4兆7000億円程度である。ということは、増収以上に金を使っているわけだ。

消費税の増税で景気が悪くなりそうだからといって、増収分以上の景気対策をするなど、こんな本末転倒な話はなく、笑い話にもならない。

しかも、この経済対策費の多くは公共事業費である。

もう本当にいい加減にしてくれと言いたい。

「景気が悪くなったら公共事業を行なえばいい」

というのは、非常に安易で愚かな発想である。

バブル崩壊以降の日本では、景気対策のためと称して狂ったように公共事業を行なった。

その結果、日本がどうなったのか、政治家や官僚たちは覚えていないのだろうか？

たとえば島根県を見れば、公共事業で景気対策をすることがいかに愚かなことかわかるはずだ。

島根県は、かつて故竹下登元首相や青木幹雄元官房長官など有力な国会議員を輩出してきた県である。島根県出身の国会議員たちはこぞって島根県に公共事業を誘致し、そのことで自らの政治権力をアピールしてきた。

このため島根県の経済はバブル前後の数十年、公共事業にまったく頼りきった体質になってしまった。県民1人当たりに使われる公共事業費は全国で常時5位以内に入り、北海道や沖縄に匹敵するほどの公共事業を受注してきた。

それほどの税金が使われながら、島根県は数十年の間、人口流出でワースト10に入るほどの過疎県だ。

公共事業は、地域の発展にほとんど寄与していなかったのである。

建設業界は大手↓下請け↓孫請けと、ピラミッド式の組織となっている。もちろん大手がもっとも多く取り、下に行くほど取り分は減る。末端の労働者に届くお金は、わずかなものである。

しかも公共事業の受注は、政治家にコネがあるものや地域の有力者を中心に行なわれる。

県全体が潤うものではなく、特定のものが繰り返し潤うというものである。

だから公共事業費は景気を刺激するものでなければ、大きな雇用を生み出すものでもないのだ。

しかも公共事業に依存する体質になってしまうと、常に税金に頼っていかなければならなくなる。つまり真に自立した経済力を持てないのである。

今の日本では「適正な公共事業」は行なえない

筆者にはゼネコンに勤める親友がおり、たびたび「公共事業の悪口ばかり言うな」と注意されている。

「公共事業は国にとって大事な事業。公共事業がなければインフラは保てず、国土は荒廃する」

ということである。

もちろん筆者はそのことは重々承知している。

「公共事業はすべて悪」

などと単純なことは決して思わない。必要な公共事業は行なわないと、日本の国土は荒廃してしまうし、土木技術も保てない。

しかし、その「事業の選択」と「事業の量」が問題なのである。

震災の被害などで住む場所にも事欠いている人が大勢いる中で、新たに道路をつくる必要があるのか？

まずは、人々の衣食住を満たした上でのことだろう。

なぜ震災被害の方のための公営住宅を大々的に建設しようとしないのか？

なぜ道路や橋、公共建築物ばかりに公共事業費が回ってしまうのか？

それは、利権が絡んでいるからである。

建設業者は、政治家を強力に支持する母体になっている。支持者を集めるだけではなく、政治資金も提供する。

日本の政治家の半数近くは、建設業者によって食わせてもらっていると言ってもいい。

政治家は公共事業を誘致して建設業者を潤す、建設業者は寄付をして政治家に還元する、こういう食物連鎖が完全に出来上がっているのだ。

そもそも一時的に大量の公共事業を行なう経済対策は、建設業界にとっても決していいことではない。

というのも一時的に公共事業が増えれば、人件費や材料費が高騰し儲けが少なくなる。

場合によっては赤字覚悟で請け負わざるを得ないこともあるからだ。

請け負った仕事をこなすためには、機材の用意など相応の準備をしなくてはならないし、それには金がかかる。

そしてそれなりに金をかけて設備投資などを行なっても、公共事業はいつまで続くかわからない。小泉政権や民主党時代のように、急に公共事業が激減することもある。

そうなると建設業者たちは一気に体力を奪われて、中小の業者はバタバタと倒れていくのである。

筆者は、「公共事業は不要だ」と言っているわけではない。

必要な公共事業を、適正な規模でやり続けるべきだと言っているのである。

しかし現在の政治において、「適正な公共事業」を判別する機能がまったくない。だから今の公共事業は、長い目で見れば**「誰も得をしない」**という状況になっているのだ。

「残業代ゼロ法案」という愚行

また今の安倍内閣のやっていることを見ると、わざわざ日本の破滅を早めているとしか思えないことが多々ある。

2014年4月、安倍首相は「残業代ゼロ法案」と言われる労働法改定案に着手した。政府の産業競争力会議と経済財政諮問会議の合同会議で「労働時間ではなく、成果で評価される新たな仕組みを検討してほしい」と指示したのだ。

この案の骨子は働く人が労働時間を自分で決める代わりに、残業代や深夜・休日勤務などの割増賃金をもらえなくするというものである。

現在、労働基準法では労働時間は「1日8時間、週40時間」と定められており、それを超える場合は役員や管理職を除き、残業代を支払わなければならない。この労働基準法の規制をなくすというのである。

この安倍首相の案は日本経済、労働状況をまったく無視した**愚の骨頂**とも言えるものである。

もしこれが実現されたならば、サラリーマンの多くは地獄のような会社生活を余儀なくされるはずだ。

安倍首相の主張はこうである。

「労働者が自分の裁量で働く時間を決められるようにする」

「そうすれば無駄な残業が減り、労働者も会社も活力が出る」

ということである。

これは、現実をまったく理解していない発想だと言える。

日本の企業文化には、サービス残業という悪しき風習がある。

これは欧米をはじめ、世界中で理解されにくいものである。世界でも一部の悪質な企業ではサービス残業を強要しているところはあるが、日本のように国家全体のレベルでそういう悪習が容認されている国は、先進国どころか途上国にもあまり見当たらない。

日本でなぜサービス残業があるかというと、日本人は労働者は勤勉な一方、企業側が労働法の遵法《じゅんぽう》精神に乏しいからである。サービス残業などは、明らかに違法であるにもかかわらず、多くの企業でそれが当たり前のように行なわれている。

そういう国で、「残業代ゼロ」の法案が通ったらどうなるか?

日本の労働者は、**底なしの長時間労働を強いられる**のが目に見えている。

そもそも日本の労働環境は先進国に比べれば著しく悪く、ＯＥＣＤからたびたび勧告を受けるような状態なのである。

たとえば、労働時間は先進国の中では断トツに長い。**表9**のように２００６年当時、先進国で２０００時間を越えているのは日本だけである。

しかも日本のデータは非正規雇用者も含まれており、正規雇用者だけに限定すると年間２２００時間以上に及ぶ。

途上国を含め、日本は世界一の長時間労働国なのである。

なぜこれほど労働時間が長いかというと、労働時間、休暇などの初期設定条件が悪い上に、有給休暇がまともに取れないからである。

次のページの**表10**のとおり、有給休暇の取得日数も日本は先進国で断トツに悪い。

こういうことが経済にも悪影響を及ぼしていることを、なぜ政界や財界は気づかないのか?

有給休暇が取れないということは、レジャーにもなかなか行けない。となると、消費も上向かないのである。有給休暇を規定通りに取得させる。それだけで相当

■表9 2006年、先進国の年間平均労働時間

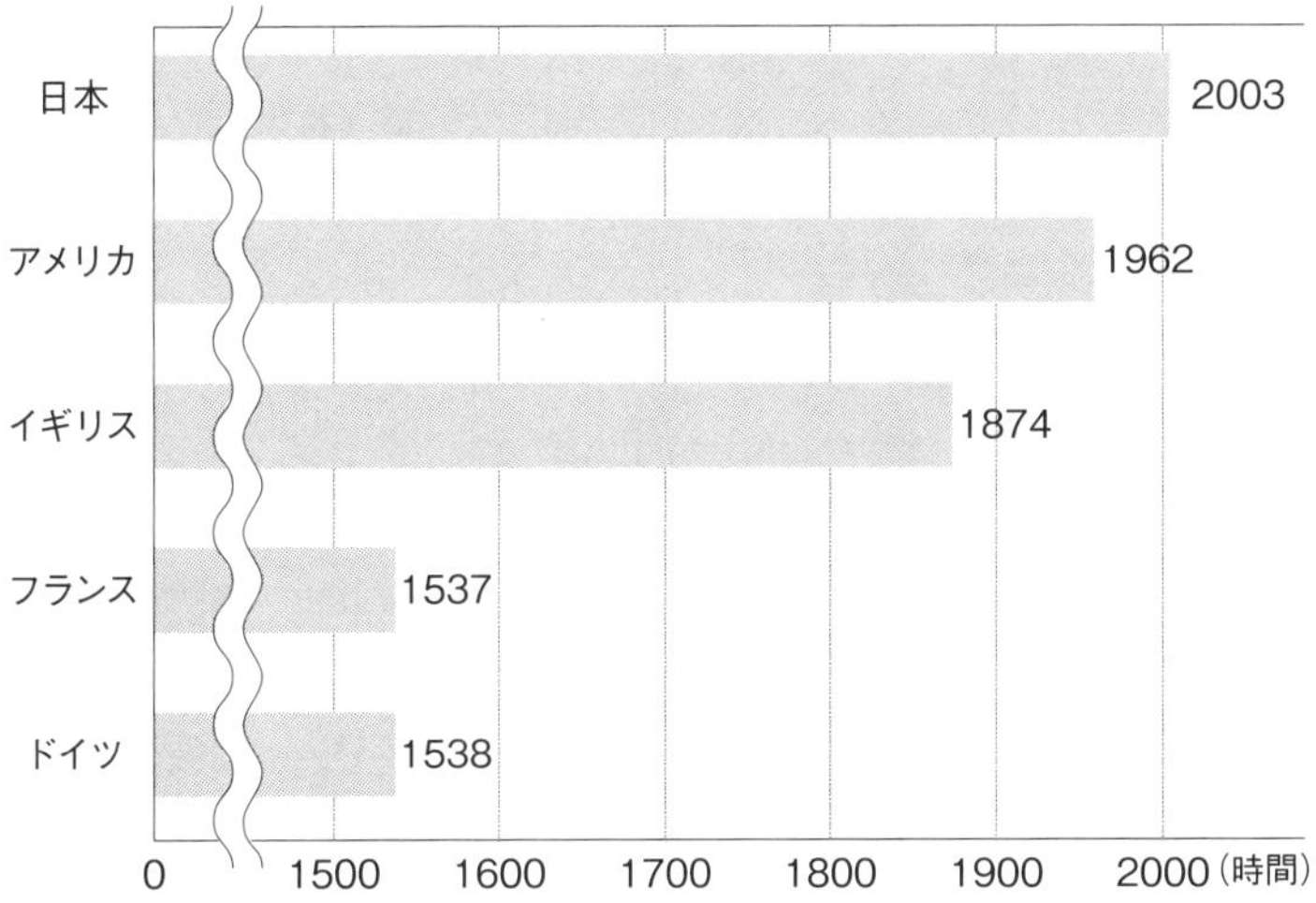

OECDの発表より

の経済効果があるはずなのだ。

政界や財界は「国際競争に勝つためには、ある程度、労働条件は悪化しても仕方がない」と主張している。

しかし、それは政界や財界が無能だからである。

他の先進諸国は日本よりはるかにいい労働条件を実現させて、経済を回しているのである。日本でそれができないのは、リーダーたちが悪いからである。

労働条件が悪いことを政界や財界は恥じるべきだし、国民ももっともっと非難するべきである。

■表10　先進諸国の有給休暇状況

国	有給休暇付与日数	実際の有給休暇日数
イギリス	26	24
フランス	38	36
ドイツ	27	25
アメリカ	13	10
日本	15	8

（日）

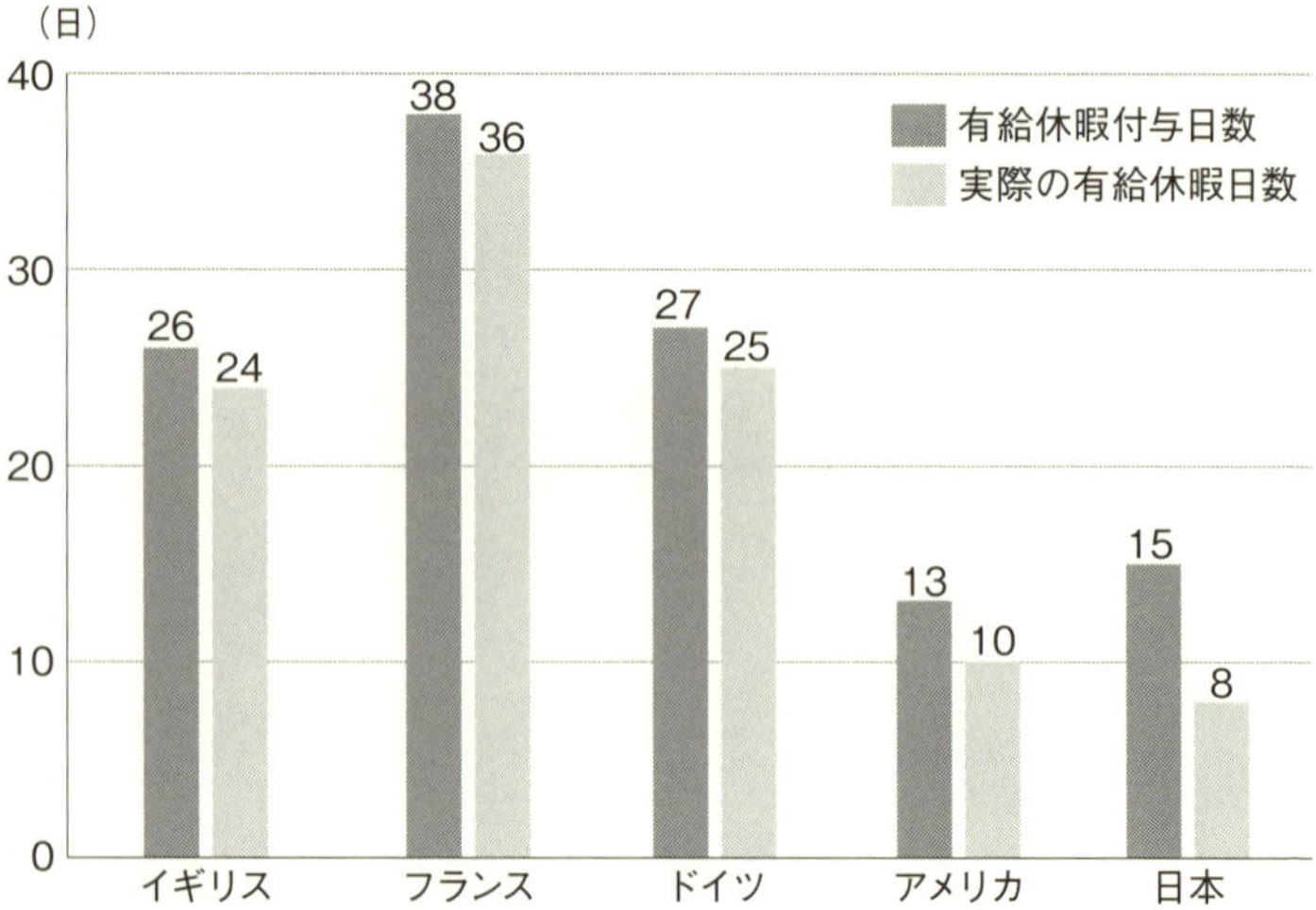

「エクスペディア・レポート国際有給休暇比較2009」より

配偶者控除をなくせば少子化は一段と加速する

さらに安倍内閣は、現在「配偶者控除」の廃止も検討している。

配偶者控除とは簡単に言えば、結婚していて結婚相手（妻や夫）が無収入の人には税金を割引するという制度である。妻が専業主婦をしている人、妻は働いているけれどもパート収入だけというような人が受けられる控除である。

この配偶者控除は妻のパート収入が103万円以上になると受けられなくなるため、パートの時間を抑えている場合もある。そのため「配偶者控除が女性の社会進出を阻害している」として、政府は廃止を検討しているのである。

しかし、これも現実をまったく無視した考え方である。

今、パート収入が103万円前後の専業主婦が配偶者控除がなくなったからといって、では正社員として働きに出るかというと、そんなことはあり得ない。子育てなどで忙しい主婦にとって、オールタイムで働くことはなかなか難しいはずだ。

また、よしんばオールタイムで働けるとしても、そう簡単に働き口があるわけではない。新卒の若者でさえ、なかなか就職が難しいのに、主婦などが簡単に就職先を見つけられるわけがないのだ。

そういう現実をまったく見ておらず、ただ机上の空論で、「配偶者控除をなくせば女性が社会進出する」と思い込んでいるのだ。

そもそも立派に社会進出を果たし、それなりの報酬を得ている女性というのは結婚したからといって、そう簡単に仕事を辞めるものではない。だから仕事を辞めて専業主婦をしている人の多くは、結婚前もそれほど収入は得ていなかった人たちである。

そういう人たちの控除をなくせばどうなるか？

「子育てで一番金がかかる世帯に増税する」

ということになるだけである。

実際に、少し前にも似たようなことが起きているのだ。

というのも以前、「配偶者控除」とは別に「配偶者特別控除」という制度があった。

配偶者特別控除は、妻（または夫）の収入がほとんどない場合、税金を減額しましょうという制度で、最低でも5万円分の節税となっていた。

これは消費税の導入時につくられたもので、低所得者のためのものだったのだ。

この配偶者特別控除はある女性運動家の参議院議員の主導により、２００４年に廃止されてしまった。現在も配偶者特別控除という名の控除制度は存在するが、それは２００４

年以前のものとはまったく違う、恩恵の少ないものになっているのである。

なぜ配偶者特別控除が廃止されたのかというと、今回の配偶者控除廃止の議論と同じように「女性の社会進出を阻害している」という理由だった。

しかし配偶者特別控除を受けている女性たちは、その特権を甘受して家庭に安穏としていたわけではない。社会に出ようにも出て行けなかっただけなのである。

結婚後も、男と同じように働ける女性というのはごく一部の人たちである。今の日本の職場では、女性が結婚したり子供を産めば辞職するものと思っているところも多い。産休が取れるような会社は非常に進んでいるところか、特殊な技術を要するところに限られる。

配偶者特別控除を受けていた女性というのはキャリアもなく、手に職もなく、また働きたくても子供に手がかかったりして働けない人たちだ。せいぜい近所のスーパーでパートをする程度。夫の給料だけで、なんとかやっていかなければならない、そういう人が多かったのだ。

その現状を確かめようともせず、ただ机上の空論だけで配偶者特別控除を廃止してしまったのである。それが**少子化を一段と進めた**ことは、間違いないのだ。

もし今回「配偶者控除」を廃止するようなことになれば、日本という国はいよいよ「**沈没が秒読み**」ということになるだろう。

あとがき

本文でも繰り返し述べたが、筆者は日本の行く末に非常に危惧を抱いている。

この危惧は、筆者の思い過ごしなどではない。日本がこのままいけば、必ず大きな破綻が訪れることになる。

少子高齢化がこのまま進み、非正規雇用者が今の人数から減らずに、待遇も改善されない場合は、社会保障費が莫大な額におよび、日本経済は必ず立ち行かなくなる。

これはどんな楽観的な経済学者、社会学者であっても否定できない事実なのである。

しかも筆者が腹が立つのは、日本という国は、危機を克服できるだけの十分な国力、経済力、民度を持っているにもかかわらず、こういう事態になっていることである。

お金は十二分にある、国民は世界有数の勤勉さと高い能力を持っている。

なのになぜ、若者が当たり前に働いて、当たり前に家庭をつくることさえできないのか？

それは、はっきり言って国家経済の枠組みがまったく間違ったモノだからである。

富裕層、大企業ばかりに恩恵を施し、そうすることで経済成長すると信じてきたアホな政治家、経済評論家たちのせいなのだ。

今、我々がしなければならないことは何か？

それは、できる限り税金を払わないことである。

本来、民主主義というのは、選挙で国民の意志を示すものである。

しかし、いいリーダーに投票しようにも、現在、この事態を本気で切り抜けようと考えているリーダーは、ほぼ皆無といえる。だから、選挙で我々の意志を示すことはできないし、国を良くすることもできないのだ。

そんな中で、我々はでき得るかぎり税金を払わないことで、政府にプレッシャーをかけ、本気で将来のことを考える国にしていくことである。

そう、つまり今の日本では、税金を払わないことこそが正義なのである。

本書を読了していただいた皆様には、おそらくこの主張に賛同してもらえると筆者は信じている。

最後にビジネス社の唐津氏をはじめ、本書の製作に尽力いただいた皆様にこの場をお借りして御礼を申し上げます。

２０１４年初夏　　著者

[著者略歴]

大村大次郎（おおむら・おおじろう）

大阪府出身。元国税調査官。国税局で10年間、主に法人税担当調査官として勤務し、退職後、経営コンサルタント、フリーライターとなる。執筆、ラジオ出演、フジテレビ「マルサ!!」の監修など幅広く活躍中。主な著書に『あらゆる領収書は経費で落とせる』『税務署員だけのヒミツの節税術』（以上、中公新書ラクレ）、『税務署が嫌がる「税金0円」の裏ワザ』(双葉新書)、『無税生活』（ベスト新書）、『決算書の9割は嘘である』（幻冬舎新書）、『税金の抜け穴』（角川 one テーマ21）など多数。

税金を払う奴はバカ！

2014年7月1日　　1刷発行
2014年8月1日　　2刷発行

著　者　大村大次郎

発行者　唐津 隆

発行所　株式会社ビジネス社

〒162-0805　東京都新宿区矢来町114番地 神楽坂高橋ビル5F
電話　03(5227)1602　FAX　03(5227)1603
http://www.business-sha.co.jp

〈印刷・製本〉中央精版印刷株式会社
〈装丁〉金子眞枝　〈DTP〉茂呂田剛（エムアンドケイ）
〈編集担当〉本田朋子　〈営業担当〉山口健志

ISBN978-4-8284-1758-5